历史不能忘记系列

抗日英烈民族魂

张 丽◎著

中国民主法制出版社

2015年·北京

图书在版编目（CIP）数据

抗日英烈民族魂/张丽著.—北京：中国民主法制
出版社，2015.7

（历史不能忘记系列/张量主编）

ISBN 978-7-5162-0952-3

Ⅰ.①抗… Ⅱ.①张… Ⅲ.①抗日战争—革命烈士
—生平事迹—中国—青少年读物 Ⅳ.①K820.6-49

中国版本图书馆 CIP 数据核字（2015）第 180401 号

历史不能忘记系列

张量 主编

图书出品人：刘海涛
出版统筹：赵卜慧
责任编辑：吕发成 陈棣芳

书名/抗日英烈民族魂
作者/张丽 著

出版·发行/中国民主法制出版社
地址/北京市丰台区玉林里 7 号（100069）
电话/63055259（总编室） 63057714（发行部）
传真/63056975 63056983
http：//www.npcpub.com
E-mail：mzfz@npcpub.com
经销/新华书店
开本/32 开 880 毫米×1230 毫米
印张/7.875 **字数/**159 千字
版本/2023 年 3 月第 2 次印刷
印刷/涿州市荣升新创印刷有限公司

书号/ISBN 978-7-5162-0952-3
定价/49.80 元
出版声明/版权所有，侵权必究。

▶ 修订版序

中国出版集团旗下中国民主法制出版社，将在中国人民抗日战争暨世界反法西斯战争胜利 70 周年之际，修订再版"历史不能忘记"系列丛书，我感到非常高兴。当年我参加组织编写了这套丛书，得到了社会的认可。在老一辈无产阶级革命家杨成武同志为第一版作序后，由我为再版作序。虽然水平有限，然出版社坚持，也只好尽力而为了。

1993 年以后，日本国内的右翼势力开始猖獗，日本政局也开始出现右倾化的动向，不时上演参拜靖国神社、篡改历史教科书、否定南京大屠杀，为日本侵华战争涂脂抹粉，企图推卸战争责任的闹剧。前事不忘，后事之师。要让中国人民和世界人民永远牢记这段历史，尤其要让青少年从小就了解、记住这段历史。在我国国内，虽然抗日战争方面的图书资料很多，却难见一套比较系统地对青少年进行抗日战争方面的爱国主义教育的丛书。1998 年初，中国民主法制出版社的编辑赵卜慧等同志策划了"历史不能忘记"系列丛书。受出版社邀请，我组织时任中国社会科学院近代史研究所所长、《抗日战争研究》杂志主编、中国抗日战争史学会副会长张海鹏，中国第二历史档案馆馆长、中国抗日战争史学会理事周忠信，中国人民大学中共党史系主任、博士生导师陈明显，中国人民抗日战争纪念馆编研部主任、中国抗日战争史学会常务理事、研究员张量和中国人民解放军军事医学科学院研究员、细菌学专家郭成周以及对抗日战争史有深入研究的专家学者，精心编写了这套丛书。这套丛书收录了大量的史料和图片，有些是首次公之于众的，揭露了日本侵略中国所犯下的滔天罪行，如南京大屠杀、日军细菌部队罪行等；讴歌了中国人民浴血奋战，与日本侵略者血战到底的气壮山河、可歌可泣的民族精神，如八一三淞沪会战、台儿庄战役、百团大战等。该丛书第一版推出 12 本，于 1999 年 9 月出版。丛书出版后在读者中引起了很好的反响，当年就名列共青团中央"中国新世纪读书计划第 7 期新书推荐榜"，并被列为上海市中小学生图书馆必备书目，荣获第 9 届上海市中小学生优秀课外读物三等奖。

近几年，日本政府在右倾化的道路上越走越远，尤其是安倍上台以后，不但矢口否认历史，而且否认对侵略历史表示歉意的"村山谈话"，挑起诸多事端，解禁集体自卫权，对外出售武器，动摇日本战后和平宪法的根基，加快日本军国主义的复活，引起世界各国尤其是曾经遭受日本军国主义铁蹄蹂躏的亚洲邻国的高度警惕。

为了铭记历史、缅怀先烈、珍视和平、警示未来，2014 年 2 月 27 日，全国人大常委会通过了《全国人民代表大会常务委员会关于确定中国人民抗日战争胜利纪念日的决定》，以法律的形式，将每年 9 月 3 日确定为中国人民抗日战争胜利纪念日；2014 年 4 月 10 日，又通过了《全国人民代表大会常务委员会关于设立南京大屠杀死难者国家公祭日的决定》。今年是中国人民抗日战争暨世界反法西斯战争胜利 70 周年，我国将在纪念日举行空前盛大的阅兵活动，向世界宣示中国维持战后世界秩序的坚定决心。

在此之际，修订再版"历史不能忘记"系列丛书，充分体现了中国民主法制出版社的担当意识和责任精神。丛书站在新的历史方位，挖掘和整理最新史学研究成果和文献资料，由初版 12 册增加到 22 册，内容更加丰富，事实更加清晰，范围更加广阔，尤其是把儿童抗战、文化抗战、台湾抗战、空军抗战、海军抗战等鲜为人知的抗战史料呈现在读者面前。不难看出策划者把这套丛书作为精品工程精心来打造的良苦用心。

2014 年 7 月 7 日，习近平总书记在纪念全民族抗战爆发 77 周年仪式上指出，历史是最好的教科书，也是最好的清醒剂。中国人民对战争带来的苦难有着刻骨铭心的记忆，对和平有着孜孜不倦的追求。中国的抗日战场，是世界反法西斯战争的东方主战场，中国抗日战争的胜利，为世界反法西斯战争作出了积极贡献。中国抗日战争的胜利，是中国近代以来第一次取得的反对外来侵略的彻底胜利，一雪百年屈辱历史，它是中华民族由衰败走向振兴的重大转折。

实现民族复兴的中国梦，是每一位中华儿女共同的历史使命。中华民族的伟大复兴、美丽中国梦的实现，许多道理需要让历史告诉未来。中国人民会铭记这段历史，以史为鉴，时刻保持清醒头脑，警惕日本军国主义的死灰复燃，牢记"落后就要挨打，就要受人欺负"的教训，紧密地团结在以习近平为总书记的党中央周围，发奋图强，努力学习和工作，把我们的国家建设得日益繁荣富强，为早日实现中华民族伟大复兴的中国梦而努力奋斗。

中央档案馆原馆长
中国档案学会原理事长
中国抗日战争史学会原副秘书长　王明哲

2015 年 5 月

▶ 第一版序

　　抗日战争，这是个历史性和现实性都很强的话题。

　　说它具有很强的历史性，那是因为，这场战争的爆发距今毕竟已有62年。时至今日，战争的硝烟早已散尽，在和平共处五项原则的基础上，中日两国正面向未来，致力于建设和平与发展的友好合作伙伴关系。至于有关反映抗日战争的文章和书籍，60多年来则更是难计其数。

　　说它具有很强的现实性，则是由于：其一，抗日战争毕竟是自1840年鸦片战争以来，帝国主义列强发动的历次侵华战争中最残酷的一场战争，也是中国人民反抗外来侵略最坚决并最终取得全面胜利的一场战争。这场惨绝人寰的侵略战争造成了3500万中国人的伤亡，造成了1000亿美元的直接财产损失，使千百万中国人流离失所。这么一场空前的民族大灾难，无论如何不应该也无法从人们的记忆中抹去。其二，抗日战争虽然早已结束，但它给我们留下许多血的教训：得道多助、失道寡助。尽管有一时的强弱之别，然而玩火者必自焚，正义终将战胜邪恶；贫穷、落后就要挨打，就会受人欺辱，只有国家富足强盛，才能人民安居乐业……所有这些，都将犹如警钟长鸣，时时警示着世人。其三，人总是要有点精神的。中华儿女在这场民族灾难中所表现出来的浴血奋战、不怕牺牲的抗战精神，作为一种极其宝贵的精神财富，无论时间再久远，都将永久地熠熠生辉、光芒四射。在和平的年代里，在社会经济建设中，我们仍然需要弘扬这种宝贵的民族精神。其四，随着时间的推移，抗日战争渐渐成为历史，年青的一代只能从历史书籍、从教科书中去了解这场战争的真相了。也正因为如此，在日本，总有那么一些人不时地挑起事端，他们或在教科书问题上大做文章，或在日军侵华史实上黑白颠倒，企图篡改历史，误导后人。历史霎时间似乎成了一个任人打扮的小女孩。为此，要不要把这场战争的本来面貌告诉世人特别是年青的一代，显然成了摆在每一个史学工作者面前的现实问题。

有鉴于此，中国民主法制出版社约请了长期从事抗日战争问题研究、占有大量客观资料的专家学者，历时数载，撰写了这套"历史不能忘记"丛书。丛书本着对历史负责，对后人负责的态度，严格尊重史实，凭借事实说话，分《以史为鉴　面向未来》《九一八事变》《七七卢沟桥事变》《八一三淞沪会战》《平型关战役》《台儿庄战役》《南京大屠杀》《百团大战》《日军细菌战》《中国空军抗战》《中国海军抗战》《中国抗日远征军》

《抗日英烈民族魂》《华侨支援祖国抗战纪实》《国际友人与抗日战争》《华北抗日》《华东抗日》《华南抗日》《抗战中的延安》共 19 个分册，全方位多角度、系统客观地披露和介绍了抗日战争的爆发背景以及发动经过、侵华日军在战争中所犯下的滔天罪行、中国军民抗击侵略者的著名战役、献身于抗战的民族英烈等。其中，一些材料和观点尚属首次公开发表。

日本的一位首相曾经说过："我们无论怎样健忘，也不能忘记历史。我们可以学习历史，但不能改变历史。"作为一种民族灾难，抗日战争过后的今天，无论是挑起这场战争的加害国还是遭受侵略的被害国，惟有正视史实，以史为鉴，才能更好地面向未来，防止悲剧再度发生。而再现历史真相又是问题的逻辑前提。我想，这恐怕正是撰写和出版这套丛书的目的所在吧。

作为抗日战争的亲身经历者，我愿意把这套丛书推荐给需要了解和应当了解这段历史的人们。

杨成武

1999 年 4 月 4 日

有资料显示，自 1931 年九一八事变日本帝国主义侵华开始，到 1945 年 8 月日本投降，在长达 14 年间，中国军民因战争而死亡 3500 万人。相当于加拿大或伊拉克 2014 年的全国总人口，相当于 4 个瑞典、8 个挪威的全国人口。

挽大厦之将倾，救民众于水火，"母亲教儿打东洋，妻子送郎上战场。"从血气方刚的男子到温柔贤淑的妇女，从年逾古稀的老者到稚气未脱的孩童，中华民族的子孙前仆后继，用血肉筑成新的长城！多少中华儿女抗击日寇而血染疆场？多少国际友人冒死相助而长眠中国？至今还难以确切地统计。

2014 年 9 月 23 日，中华人民共和国民政部公布了第一批著名抗日英烈和英雄群体名录，包括了中国共产党领导下的八路军、新四军、华南游击队、东北抗日联军和其他人民抗日武装，国民党抗日将士，民主爱国人士和援华国际友人等不同群体的代表（见附录）。300 名抗日英烈也仅仅是很少的一部分。

西方新一代中国抗战史研究权威、牛津大学现代中国政治与历史学教授、中国研究中心主任拉纳·米特说："二战中的中国是最后一个没有被讲述的伟大故事。"（2015年4月9日《南方周末》）因此他写了《中国，被遗忘的盟友》这本书。他特别指出："日本挥师中国是多么可怕，我不知道中国人是否了解，中国这场战争具有怎样的国际意义。中国参战、抵抗日本、抗战到底，这对美国人、英国人甚至苏联人是多么重要。"

抗日战争是一部厚重的历史，任何一本著作也难以反映全貌，因为这是几千万人用生命写成的惊天地、泣鬼神的壮丽篇章。《抗日英烈民族魂》也只能撷取数量极少的典型，以星星点点的生命之光辉耀抗战英雄们舍身救国、血荐轩辕、重于泰山的丰功伟绩。

英烈不朽，历史将永远记住他们！

是为序。

▶ 目 录

修订版序 / 001

第一版序 / 001

自序 / 001

赵一曼：甘将热血沃中华 / 001

赵尚志：铁骨男儿，北国雄狮 / 010

杨靖宇：白山黑水间的抗日英雄 / 023

佟麟阁、赵登禹：卢沟桥畔忠勇双雄 / 036

高志航：东北飞鹰，空军战魂 / 046

范筑先：裂眦北视，决不南渡 / 056

马耀南：书生奋起黑铁山 / 066

李　林：甘愿征战血染衣　不平倭寇誓不休 / 074

张自忠：忠义之志，壮烈之气 / 084

节振国：刀劈日寇显威风 / 102

谢晋元：宁斗死，不投降　八百壮士守四行 / 109

马本斋：母子两代英雄 / 122

左　权：太行浩气传千古 / 135

戴安澜：黄埔之英，民族之雄 / 146

李家钰：男儿欲报国恩重　死到疆场是善终 / 163

彭雪枫：功垂祖国，泽被长淮 / 174

柯棣华：国际主义医士之光　辉耀着中印两大民族 / 187

姚名达：抗战捐躯教授第一人 / 198

八女投江：巾帼英魂，光照千秋 / 208

胶东十勇士：热血映染马石山 / 217

附录　民政部公布第一批著名抗日英烈名录 / 224

赵一曼：

甘将热血沃中华

赵一曼很美，看过她的遗照的人都会对她的美丽留下深刻的印象。这位娇小、秀丽、洋溢着青春活力的女性却将她的儿女私情全部埋藏起来，以工人斗争的领导人、妇女会的组织者、抗日游击队的女政委的形象出现在世人面前。然而，当她挥枪指挥战士们突出重围时，当她伤重被俘，被敌人囚禁在马车上游街，依然高唱《红旗歌》时，人们感受到的不仅是一幅壮烈和大义凛然的景象，更多的是在心里挥抹不去的对国难中的女性的敬仰和慨叹。

赵一曼，原名李淑宁，书名李坤泰，又名李一超，人称李姐。赵一曼是她在东北从事抗日斗争时的化名。她是四川宜宾县白花镇人，生于 1905 年 10 月 25 日，中国共产党党员，抗日民族英雄。曾就读于莫斯科中山大学，毕业于黄埔军校六期。

赵一曼出生于一个封建地主家庭。父亲李鸿绪，母亲兰明福，共生六女三男，赵一曼排行老七。赵一曼 8 岁入私塾学习，成绩良好。小时候她特别喜欢听父亲讲英勇杀敌的岳飞和豪情侠义的十三妹的爱国故事。这些人物成为她心目中的英雄，她总幻想着自己就是那些故事中的主人。

赵一曼13岁时父亲去世，她童年的快乐时光也伴随父亲的去世而逝去。家务开始由思想古板、守旧的大哥李席儒和大嫂周帮翰执管。大哥执管家务后，腐化堕落，整天在外"打玩友"，吃喝嫖赌抽大烟，从不关心弟妹。为了摆脱封建家庭的束缚，进一步求得革命真理和文化知识，赵一曼向大哥提出要出门读书的请求。大哥以"女校的风气不好，多半学生在校内私自怀胎，跟人逃走，师生苟合"等说辞阻挠赵一曼去读书。她请求族叔们替她说情，族叔李秉之、李克明却成了大哥的帮凶，认为女子出家门，关乎家族声誉，一旦有什么意外，将给整个家族丢人。他们将出门读书这种个人行为上升为一个家族的事情，更加增添了她出门读书的困难。在整个家中，只有一个人最理解也最支持赵一曼，他就是时任首届中共四川省委委员的大姐夫郑佑之。当初就是大姐夫介绍她加入社会主义青年团，接受进步思想。

在赵一曼为外出读书一事痛苦不堪时，她想到了大姐夫郑佑之，立刻写信将家人及族人百般阻挠自己出门求学的困境告知大姐夫，不久就得到了大姐夫的回信。他鼓励赵一曼要与万恶的旧世界进行坚决的斗争，并将这一切写出来。赵一曼奋笔疾书，很快写成了《被兄嫂剥夺了求学权利的我》，署名一超，发表在1925年8月6日的《妇女周刊》上。在文中她对封建家庭进行了无情的揭露和控诉，得到了许多进步青年的声援和支持。大姐夫通过党组织为她联系好了宜宾县城女子师范中学。1926年2月28日，赵一曼告别母亲，在二姐李坤杰和二姐夫萧简青的护送下踏上了求学之路。宜宾特别支部成立时，她即由团员转为共产党员，同时担任宜宾妇联和学联党团书记。

从此，她更积极地参加中国共产党组织的活动，走上了一条与同时代妇女迥异的人生之路：1926 年 10 月，赵一曼考进武汉黄埔军校，11 月，入武汉中央军事政治学校学习；1927 年 9 月，赴莫斯科中山大学学习，与同学陈达邦结婚；1928 年冬奉命回国后，先后在宜昌、上海、江西从事中国共产党的地下工作。

赵一曼性格倔强，认定了的道路就是有千难万苦也不回头。这不仅体现在她对于党、对于人民的忠诚，在日常的生活中，她也有常人难以想象的毅力。由于不适应莫斯科的严寒，加上身怀六甲，为了不耽误丈夫陈达邦的学习，赵一曼瞒着丈夫回了国。1928 年 12 月，赵一曼被派到宜昌工作，租住在一个老太太家。1929 年 2 月，她即将临产之际，却因房东老太太认为不吉利而被撵了出去，无处安身。幸亏一位好心的工人收留了她，让她在腾出来的半间棚子里生下了孩子。赵一曼

▲赵一曼和她的儿子陈掖贤

为儿子取名为"宁儿"。不久，因组织暴露，她抱着未满月的婴儿回到上海。1930年1月，她在南昌工作的机关遭破坏，只得抱着不满周岁的宁儿深夜逃出，躲在一个稻草堆里。她身无分文，沿途讨水要饭喂养孩子，来到赣江边，狠狠心将陈达邦送给她的怀表作为船钱，才辗转回到上海。危险的处境下带着孩子实在不方便，1930年4月，赵一曼将宁儿送到丈夫的大哥陈岳云处抚养。从此，宁儿就再也没有见到过妈妈。

1931年九一八事变后，赵一曼被调到东北领导工人斗争。1932年春天，赵一曼来到沈阳，在大英烟草公司和纺纱厂做女工工作。同年秋，她又到哈尔滨，任满洲省总工会秘书、组织部长，兼哈尔滨总工会代理书记，从事地下抗日活动。

为了迷惑敌人，掩护地下工作，赵一曼和满洲总工会书记老曹组成"家庭"，并在哈市南岗区租了房子，作为满洲总工会的机关。以此为据点，赵一曼联络附近的游击队负责人，印发抗日宣传的材料和党的文件，还参与领导了1933年春天的哈尔滨电车工人大罢工。

1934年春，哈尔滨的党组织遭破坏，赵一曼的战友老曹牺牲。7月，她转移到珠河县抗日游击区工作。在这里她担任了中共珠河中心县委常委、县委特派员和妇女会负责人。

赵一曼来到珠河后，积极向乡亲们宣传抗日救国的道理，还用朝鲜语向朝鲜族群众宣传抗日救国主张，鼓励他们为游击队送信、送情报、站岗放哨、做军衣军鞋，支持抗日斗争。在她的号召下，当地组织了妇女会、儿童团、交通队、青年大同盟，领导群众站岗放哨，给抗日部队征粮筹物。她还组织了一支抗日武装——农民自卫队。

珠河是游击区，日伪军盘查严密。为了给游击队弄到武器，在珠河的中共地下党组织设法从伪军手中买到了一些枪和子弹。但由于盘查紧运不出来，大家都很着急。赵一曼主动承担了偷运枪支出城的艰巨任务，机智地将枪支转交到游击队手中。

珠河的生活是艰苦紧张的，更是危险的。为对付敌人对游击区的疯狂"讨伐"，赵一曼在各个村子里活动，与老百姓同吃同住，教给他们对付日伪军的办法。她忍着脖子的疼痛到游击队的流动医院站岗放哨，护理伤员。她经常率部主动出击敌人，她曾和珠河县委的同志们在夜里掐断电话线，袭击通往帽儿山车站公路线上的警察哨所，一夜之间缴枪 20 多支，为建立珠河县第二游击队提供了装备。她还带领农民自卫队在滨绥铁路侯林乡关门嘴子伏击前来"讨伐"的日军，消灭 10 多个鬼子，缴枪 20 多支。

她调任铁北区委书记之后，开始使用"赵一曼"的化名，当地群众都以为她是著名抗日英雄、抗联第三军军长赵尚志总司令的妹妹。她向群众解释："赵军长是北京人，我是南方人。虽不是亲兄妹，我们抗日队伍的人都同生共死打鬼子，比亲兄妹还亲！"她带领游击队打了多次胜仗，《盛京日报》《哈尔滨日报》《大北新报》都用显著标题惊呼："共匪女头领赵一曼红枪白马猖獗于哈东地区！"

1935 年秋，抗联第三军为了扩充力量，新编了 2、3 两个团，赵一曼被任命为东北人民革命军第三军 1 师 2 团政委，她领导的农民自卫队被编入第三军 1 师 2 团。① 赵一曼对待自己的战士就像母亲和大姐姐。战斗之余，她常常为大家缝补衣

① 温野：《碧血映日天地红——记东北抗联民族英雄赵一曼》，载黄涛、史立成、毛国强编著：《中国共产党抗日英雄传》，解放军出版社 2005 年版，第 386 页。

裳，为战士们挑开脚上的血泡。

▲ 东北抗日联军的秘密联络点"皑子"

　　11 月，日伪军趁抗联第三军主力远征方正、汤原一带，加紧围剿，对珠河根据地进行残酷烧杀，将居民赶到铁路沿线的集团部落里，割断了群众与抗日联军的联系。15 日，赵一曼和团长王惠桐率领 50 多名战士在珠河左撇子沟附近活动，遭到日伪军的包围攻击。他们打退了敌人多次冲锋后，伤亡惨重，突围时队伍被打散。王惠桐团长负伤被俘，后遭敌人杀害，赵一曼左手腕被子弹穿透。受伤后，她与铁北区委宣传部长周伯学，战士老于，妇女会员、年仅 16 岁的杨桂兰及交通员刘福生等会合，潜入小西北沟的一处棚子里养伤。11 月 22 日，敌人几天搜山无果，在一次巡视中，一个汉奸发现窝棚里冒烟火，迅速报告搜山队包围窝棚。赵一曼刚冲出窝棚，一颗子弹射进了她的左大腿骨，血流如注。坚持战斗两小时，子弹打完，她因为流血过多而昏死过去被俘。老于和刘福生牺牲，周伯学、杨桂兰也被俘。敌人将赵一曼用梯子抬下山，又用牛车运往县城，关押在县公署警务科里。

敌人将赵一曼扔进了结满冰霜的马料房里。寒风吹过来，赵一曼被鲜血浸透了的青布棉袄冻成了硬块。苏醒之后，赵一曼叮嘱杨桂兰，让她只说是伺候伤病员的，其他什么都不知道。由于查无实据，关押了近一个月后，杨桂兰被释放。当时，负责审讯赵一曼的是伪滨江省警务厅特务科外事股长大野泰治。他见赵一曼流血过多，生命垂危，怕得不到口供，便连夜审讯。不管大野使用什么手段，赵一曼就是不松口。大野又审讯其他被关押的人，以确认她是中共珠河县委的领导人。

此时，赵一曼的腿部伤口已经溃烂化脓，生命危在旦夕。为了得到重要情报，敌人于 1935 年 12 月将她送到哈尔滨市立医院监视治疗。在一位具有爱国思想的大夫张柏岩的精心治疗下，赵一曼伤势好转，3 个多月后，便能拄着拐杖散步了。敌人为了便于审讯，将她从大病室换到单人病室。这正好为赵一曼争取同情者、逃出敌人魔掌提供了便利。经过仔细观察，赵一曼发现看守她的警察董宪勋老实可靠、为人正派、富有民族感情；看护她的女护士、17 岁的韩勇义天真单纯、心地善良。她不断向他们宣传抗日的道理，用许多可歌可泣的人和事来打动他们。20 多天后，董宪勋被争取过来，韩勇义也很快被赵一曼说服打动了。他们决心帮助赵一曼逃出去。

1936 年 6 月 28 日夜，韩勇义和董宪勋将赵一曼从医院后门背出来，坐上雇来的小汽车，来到郊区，又换上事先等在这里的轿子，于次日早晨来到位于阿城县董宪勋的叔叔家里。这位老汉帮助他们连夜坐上马车，寻找抗日游击队。

6 月 29 日，敌人发现赵一曼逃走，立即加紧检查。他们调查了给赵一曼等人开车的白俄司机。高压之下，白俄司机供出了赵一曼逃走的方向。次日，在离游击区只有 20 多里的地方，敌人追上了赵一曼等乘坐的马车，将她关进了警察厅刑事科的拘留所。

赵一曼又一次落入虎口。这次拷问她的是特高科课长、警佐、日本大特务"林大头"，对她的审讯也是无所不用其极：用铁条刺她的伤口，用烧红的烙铁烙她的身体，往她的嘴里灌汽油和辣椒水，将竹签扎进她的手指，让她坐在刚从日本运来的第一把电椅上。一个月的审讯折磨，赵一曼始终没有屈服。对赵一曼，日伪军已是黔驴技穷。1936 年 8 月 2 日，他们将赵一曼押上去珠河的火车，要将她处死在她战斗过的珠河，以威慑抗日爱国群众。

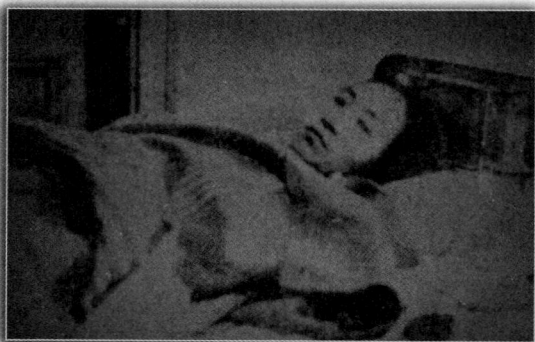

▲日伪档案中发现的赵一曼被折磨后的照片

在押送的途中，她虽然感觉到死亡迫近，但她知道为国捐躯的时刻到了，她坚信不管日本帝国主义多么凶残，抗日运动终究一定会胜利的，她丝毫没有表现出惊慌。在奔赴刑场的火车上，她从押送的职员处要了笔和纸，饱含深情地给爱子写下了遗书，要他继承遗志，接好革命的班。

宁儿：

母亲对于你没有能尽到教育的责任，实在是遗憾的事情。

母亲因为坚决地做了反满抗日的斗争，今天已经到了牺牲的前夕了。

母亲和你在生前是永久没有再见的机会了。希望你，宁儿啊！赶快成人，来安慰你地下的母亲！我最亲爱的孩子啊！母亲不用千言万语来教育你，就用实际行动来教育你。在你长大成人之后，希望不要忘记你的母亲是为国而牺牲的！

1936 年 8 月 2 日

你的母亲赵一曼于车中①

到了珠河县，赵一曼被押在一辆马车上"游街"。她唱起了《红旗歌》……在珠河县小北门外日伪军的刑场上，赵一曼这位不屈的英雄，这位美丽的女性迈着艰难而从容的步伐，走上刑场，走到了一排黑洞洞的枪口对面。

赵一曼牺牲了，年仅 31 岁。

---

① 穆成林编著：《开国元勋眼中的抗日英烈》，中共党史出版社 2005 年版，第 4 页。

赵尚志：

铁骨男儿，北国雄狮

　　赵尚志是东北抗日联军的创建者和主要领导人之一，是东北地区最早的共产党员抗联第三军的军长，与杨靖宇并称为"南杨北赵"。抗战期间，他指挥着抗日联军与日军周旋在林海雪原，驰骋在松花江两岸，创造了东北战争史上的奇迹。他

▲巴彦抗日游击队合影，居中的小个子即为赵尚志。

以钢铁般的意志和绝不做亡国奴的坚定信念创造了一个又一个奇迹，他是铁骨铮铮的男儿，被东北人民亲切称为"北国雄狮"。他出生于辽宁省朝阳县，肥沃的黑土地养育了他，赋予他东北汉子的铮铮铁骨。他生于斯、长于斯、战于斯、死于斯，对这片肥沃的黑土地满怀着深深的依恋，直至洒尽最后一滴血。

赵尚志 1908 年 10 月 26 日出生于热河省朝阳县（现辽宁省朝阳市）喇嘛店的一个农民家庭。父亲是清末秀才，在家乡教私塾，因此赵尚志在幼年时期就受到了良好的教育。1917年，他的父亲因参与聚众抗捐失败，被迫外逃避难。1919 年，他跟随母亲举家来到哈尔滨投奔父亲。因家境贫困不能继续读书，11 岁的赵尚志从此走上社会谋生，先在一白俄家当杂役，后在银匠铺当学徒，摆地摊卖面粉、烧饼。1923 年，15 岁的赵尚志在华俄道胜银行哈尔滨市分行道里支行当信差。1925年 2 月，赵尚志考入哈尔滨许公工业学校读书，同年夏加入中国共产党，冬季受命南下广州，考入黄埔军校第四期学习。

1926 年中山舰事件之后，他受党的派遣，返回东北投入反帝反军阀斗争，先后在哈尔滨领导组织学生运动，在双城从事党建工作，在长春市开展党的工作。同年 10 月，中共长春支部正式成立，赵尚志在中共长春支部负责共产党的长春通讯站工作。11 月，他利用国共合作的时机，与国民党员一道成立了国民党吉林省党部，并担任常务委员兼青年部长。1927年 3 月赵尚志被奉天军阀驻长春宪兵逮捕并被关进了长春第一监狱，后押至南京。在狱中他一再遭受严刑拷问，他始终坚持说自己是国民党员，没有暴露自己共产党员的身份，5 月 2 日被释放出狱。出狱后，赵尚志又被党组织派回东北工作。1930年 4 月，由于叛徒出卖，他的共产党员的身份被暴露，尽管敌人软硬兼施，但他始终都没有屈服。1932年初夏，刚刚出狱的赵尚志被任命为中国共产党满洲省委军委书记，化名李育才来到张甲洲领导的巴彦游击队，开始了抗日活动。张甲洲出身于大地主家庭，在清华大学读书时加入中国共产党，故土沦丧，他放弃了清华大学的学业返回巴彦老家拉起一支约200人的抗日队伍。然而这支队伍成分复杂，绿林习气严重。赵尚志了解到这些后劝说张甲洲整顿队伍，成立教导队培养骨干，直属司令部。这样做对于加强队伍建设，改掉游击习气无疑有好处，但又引起了一些人的猜疑。1932年8月，游击队进攻巴彦县城受损，赵尚志的左眼受重伤。待他伤愈归队时，满洲省委派巡视员来传达贯彻"北方会议"的精神，将游击队改为红军，打土豪，分田地，进行土地革命。对此，赵尚志认为条件不成熟，提出了不同意见。但因中共满洲省委特派员吴福海的坚持，遂将部队改编为工农红军三十六军江北独立师，张甲洲任师长，赵尚志任政治部主任。改编后的巴彦游击队转战于呼兰、绥化一带。由于战斗目标的转移，部队处境日益艰难。一面是日伪军的包围、追剿，一面是地主武装的袭击，再加上部队内部的混乱，1933年春节前夕，部队遭到日伪和地主武装的袭击，在铁力被瓦解。赵尚志只好带着十来个人回哈尔滨向省委汇报。

省委领导人认为巴彦游击队的失败，完全是赵尚志执行右倾路线的结果，要他作出深刻检查。赵尚志想不通，据理力争，以致许多领导人不愿与他见面，后来竟被开除党籍。一时间，他与党组织失去了联系，又被日伪逮捕，但因查无证据获释。委屈、苦恼和孤独围绕着他，在给朋友的信中，他曾写道："风打麦波千层浪，雁送征人一段愁，披靡无术，被屏逐于千里之外。"尽管如此，他却没有消沉下去，毅然改名为赵三，来到哈东一带宾县反日义勇军孙朝阳的队伍，当了一名马夫。对赵尚志来说，只要能抗日，当马夫和当司令没有区别！①

在攻打宾县的战斗中，孙朝阳采用了赵尚志的军事谋略攻打下了县城，赵尚志因此由马夫升为参谋长。但不久孙朝阳被日军诱杀，其部分下属企图谋害赵尚志。他不得不和6个同伴一起脱离孙部。两次参加地方游击队的经历使赵尚志认识到，自发的、松散的抗日队伍没有多大战斗力。他决定独辟蹊径，自举义旗。1933年10月的一天，在珠河县（今黑龙江省尚志县）铁道南的三股流，珠河反日游击队在中共珠河县委领导下建立了，赵尚志任队长，李福林任政治指导员。他带领全体队员庄严宣誓："我们珠河反日游击队全体战士，为收复东北失地，争回祖国自由，哪怕枪林弹雨，万死不辞，赴汤蹈火，千辛不避，誓为武装东北三千万同胞，驱逐日寇出东北，为中华民族独立、解放而奋斗到底！"这支队伍，有13人，机枪1挺，步枪13支。成立初期，人少力薄，为了争取当地老百姓的支持，赵尚志率领大伙先缴了东西五甲、二道河子、张家湾等警察所的枪，没收各地汉奸走狗的财产，分给贫苦农民。后又依靠群众解除了宾县七区保卫团长的武装，并夺得了一些枪支、子弹和马匹。不到三个月，游击队在三股流一带接连打了十多个胜仗，名声越来越大，队伍由13人发展到70余人，草创了以珠河三股流为中心的铁道南游击区。小股日军和伪军不敢轻易进犯，又没有苛捐杂税，哈东地区百姓称这里为"红地盘"。

---

① 原子明、咸宽兴：《铁骨铮铮英雄志——记东北抗日联军第三军军长赵尚志》，载黄涛、史立成、毛国强编著：《中国共产党抗日英雄传》，解放军出版社2005年版，第183页。

▲密林中的东北抗日联军

　　新生的珠河游击队威震哈东地区。当时除了游击队，还有数十支反日山林队和义勇军。赵尚志根据党中央的指示，次年春天，提出了联合各反日部队共同抗日的主张，条件是不投降、不卖国、反日到底；没收敌伪财产充当抗日经费；保护群众利益，武装群众共同抗日，允许群众反日自由。通过大量细致的说服教育工作，珠河地区 20 多名义勇军和山林队的首领共同协商成立了东北反日联合军司令部，一致推举赵尚志为总司令。他为人朴实，关心战士，赏罚分明，很善于治兵。许多小股反日义勇军部队纷纷前来加入联合军。从此，他领导的抗日队伍声威大震。1934 年 5 月，赵尚志率领游击队和义勇军各部 500 多人，接连攻克侯林乡、黑龙宫日伪据点，使珠河县铁道南、北的游击区连成了一片。他们用木制的大炮作为火力掩护，攻入城里，与敌人展开激烈的巷战，缴获了大量枪支弹药，并用步枪击落敌机一架。这次战斗，赵尚志战前向敌人下了战书，敌人已有准备。联合军攻入城内后，终因寡不敌众，不得不撤出。但从此，赵尚志"木炮打宾州，威震敌胆"的佳话就流传开来了。

从宾县县城撤出军队后，赵尚志率部来到三岔河一带开辟新区。三岔河是三条小河的汇流之处，有高、柴等四家大地主在此居住。赵尚志来了以后，将汉奸、日本人的走狗与一般地主豪绅分开。他宣传，只要不是日伪走狗，不反对打日军，即使家有百万之富，也不会动他的家产，不限制他们的自由。同时，他也向群众宣传抗日救国的道理，鼓励有钱出钱、有枪出枪。

然而，不久来自珠河、宾县的700多个日伪军攻击赵尚志部，将驻军院落重重包围，用机枪猛烈射击。赵尚志沉着指挥部队应战，利用土墙、炮楼做掩体，与敌人奋战了两天一夜，最后在夜幕下撤出。这次战斗，打死打伤日伪军110多人。赵尚志部伤三人，游击队创始人之一、骑兵队队长李根植也在战斗中英勇献身。三岔河之战后，敌人悬赏一万元要赵尚志的人头。因此，民间流传着赵尚志是"一两骨头一两金，一两肉一两银"的说法。

纵然如此，赵尚志却深感自己队伍的弱小，在日伪军的严密统治下开展抗日活动，流动性大，松散庞杂的队伍容易被敌各个击破，应该扩大灵活机动、敏捷精悍的游击队伍。于是1934年6月末，赵尚志又收编了一部分义勇军，将珠河反日游击队扩编为东北反日游击队哈东支队，共有450人，赵尚志任司令员。他们以珠河县为中心，分三路在铁路南北开展活动，不断扩大游击区域，使抗日的烽火在哈东地区燃烧起来。

日军用武力无法消灭反日游击队，就使用阴险手段，派特务暗杀了和赵尚志同甘共苦、一起从孙朝阳部逃出来创立珠河游击队的战友李启东。同时，还在哈尔滨逮捕了赵尚志的父亲，伪造"规劝"信诱骗赵尚志投降。赵尚志看穿了敌人的诡计，他冷静地分析形势后，向大家表示："敌人抓我父亲是阴谋，他抓他的，咱们还是抗咱们的日。"紧接着，他组织了对日伪更坚决的打击行动：他组织联合军主动出击，破坏敌人的交通线，扒铁轨，炸桥梁，缴物资，使敌人惊恐不安，哀叹"满洲交通变为地狱"。1934 年中秋节前夕，赵尚志又奇袭哈南重镇五常堡，并乘胜攻下了八家子、康家炉、梨树沟、方城岗等地，缴获了一些枪支和大批子弹，以及布匹、胶鞋、面粉等物资，解决了哈东支队冬季军需的燃眉之急。

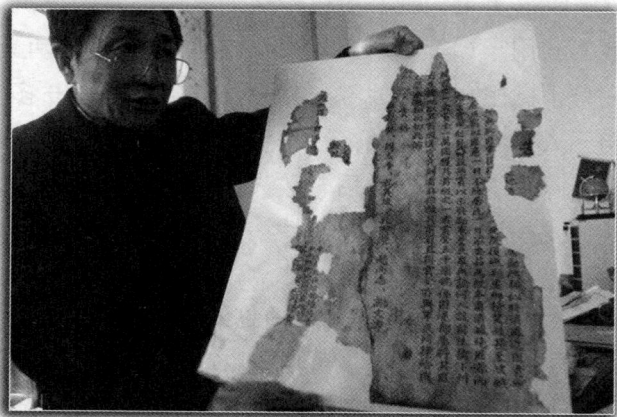

▲日伪军张贴的通缉赵尚志等抗联将领的布告

要巩固战果，更有力地打击敌人，必须有自己的根据地。赵尚志除了率部东西出击外，还在珠河地区建立各种群众组织。他经常和老百姓一起下地，帮助他们劈柴、推磨，对他们秋毫无犯，赢得了群众的信任。群众也把游击队视为自己的子弟兵，主动为他们烧水做饭、缝洗衣衫，站岗放哨，传递情报。这样，在短短一年多的时间里，哈东根据地的面积大大扩展，东西 200 多里、南北 350 多里，人口有 10 多万。在这片被敌人称为"共产王国"、被群众称为"红地盘"的区域内，赵尚志实行低税政策，其税率只等于过去军阀收税的三分之一，日军占领区的五分之一，开荒地还免税。同时，他还组织农民开展生产自助，冲破敌人封锁，组织物资交易。为宣传、动员民众，他们创办了《哈东人民革命报》，又派李兆麟、赵一曼等帮助地方开设小学和夜校。

　　哈东根据地的壮大，直接威胁到日军对北国名城哈尔滨的统治，他们又惊又怕，决心将其"彻底摧毁"。1934 年 11 月，日伪军 3000 多人"围剿"哈东支队。敌人的方法是切断交通要道，实行分片进攻，妄图将游击队"各个击破"。赵尚志避开敌人的锋芒，化整为零，处处袭扰却又避免与敌正面作战，敌人被拖得精疲力尽、进退两难。在肖田地，赵尚志率骑兵主力 200 多人突然与日军望月部 200 多人和伪军邓团 300 多人相遇。当时，敌人不但数量和武器装备上占优势，而且抢占了有利地形。赵尚志率部一连打退了敌人的几次冲锋，但毕竟力量悬殊，他们仍被敌人包围，且包围圈越缩越小。赵尚志右腕中弹，血流不止，他的战马也跑失了。紧急关头，他命令几名战士带着 30 多匹战马强行突围，主力仍隐蔽在原地。当敌人以为赵部主力全部突围，集中火力发动追击而脱离阵地时，赵尚志指挥主力从敌人背后发起猛攻。敌阵立时大乱，赵尚志趁机突出包围圈，安全转移，以三人伤亡的代价换来了消灭日伪军 110 多人、白俄警察 20 多人的胜利。望着赵尚志率部转移的方向，日军司令望月不禁惊叹：此战"必有名将指挥！"一年多的时间里，赵尚志领导的东北反日游击队哈东支队与日伪军进行了大小战斗上百次，抗日联军越战越强。

从孙朝阳部的马夫到哈东游击支队的司令，赵尚志用鲜血证明了自己的忠诚。1935 年 1 月 12 日，中共满洲省委作出了"恢复赵尚志党籍的决议"，承认"开除赵尚志党籍是由于当时省委执行左倾机会主义路线的结果，是错误的"。1 月 28 日，以哈东支队为基础，正式成立了东北人民革命军第三军，赵尚志任军长兼第一师师长，冯仲云任政治部主任。第三军的壮大和珠河游击根据地的扩展，使日本侵略者犹如前胸挨刀，后院失火，恨之入骨。不久，日伪军开始了春季"讨伐"，实行"重点烧杀、血洗匪区"政策，残酷屠杀抗日民众，切断他们与游击队的联系。日寇在哈尔滨召开六省"治安肃正"会议上策划消灭抗联第三军，珠河抗日根据地遭到严重破坏。为保存有生力量，赵尚志率领主力部队经方正、延寿、依兰，向松花江北岸实行战略转移，进入汤原县境，与夏云杰领导的游击队汇合。他协助夏云杰将汤原游击队改编为东北人民革命军第六军，夏云杰任军长。1936 年 1 月，北满抗日部队领导人赵尚志、李延禄、夏云杰、张寿、冯治刚、李华堂、谢文东等在汤原附近召开北满抗日部队领导人会议，经过协商，决定成立东北民众反日联合军总司令部（后改为北满抗日联军总司令部），推选赵尚志为总司令。随后部队统一序列、统一指挥、统筹给养，赵尚志仍兼任抗日联军第三军军长。

汤原根据地得到了巩固，为进一步扩大松花江北游击区，1936 年春，赵尚志率第三军司令部直属队和 5、6 两团，开始向木兰、东兴、庆城、铁力、海伦等地区远征，拔掉日伪据点，破坏敌人归并的"集团部落"，收编了 40 多支义勇军小部队，在松花江北岸点燃了抗日烈火。赵尚志领导的第三军迅速壮大，达 6000 多人。他积极帮助的第六军也迅速成长，以三、六两军为核心，团结了近两万人的北满抗日队伍，转战在松花江两岸 30 多个县，又一次将北满的抗日斗争推向高潮。在根据地内，他们建起了兵工厂、被服厂、仓库、医院以及抗日联军政治军事学校。赵尚志兼任抗日联军政治军事学校校长。

对此，敌人如同热锅上的蚂蚁，心神不宁，惊惧交加。从1936 年开始对北满实行新的"三年治安肃正计划"，除继续军事"讨伐"外，强迫实行"集团部落"制，企图实现"匪民分离"，割断游击队与根据地老百姓的联系。赵尚志领导的以第三军为主的抗联部队就成为敌人企图剿灭的主要对象。9月，赵尚志又接受了一项艰巨任务，率第三军西征，开辟小兴安岭和黑嫩平原新根据地，跳出敌人的包围圈。西征途中，在海伦县附近，赵尚志指挥队伍一举消灭敌人 300 多人，其中包括七名日军指挥官。赵尚志率领西征部队冒着零下 40 多度的严寒在森林里趴冰卧雪，忍饥挨饿，遭遇了难以想象的艰辛苦难。他们在半年多的时间里，从松花江下游到黑龙江岸，纵横2000 多里，历经大小百余战，攻克了 20 多个城镇，开辟松嫩游击新区，保住了汤原后方根据地。①

1937 年，东北抗日联军的处境更为恶劣。日军从本土和东北各地调集 25000 人对黑龙江进行频繁而残酷的"围剿"。抗联部队没有粮食，没有冬衣，没有枪弹，赵尚志心急如焚，多次派代表去找中国共产党的组织，但一直杳无音信。正在此时，原抗联六军的一个代理师长陈绍宾从苏联带回消息，说苏军要北满省委派主要负责同志赴苏联商讨重大问题。对这一线

---

① 朱秀海：《黑的土 红的雪 东北抗联苦战纪实》，解放军文艺出版社 2005 年版，第 270—271 页。

▲日军在汤原实行"集团部落",妄图进一步切断老百姓与抗日联
　军的联系。

希望,北满临时省委十分重视,召开会议,决定派赵尚志为省
委代表去苏联。1938 年 1 月,赵尚志肩负着重大使命从萝北县
名山东部过境。然而,苏方却否认邀请北满省委代表一事,把
他关押起来进行审查,还缴了随后过境的抗联战士的枪械。虽
然到后来苏方解除了误会,共产国际又任命他为东北抗日联军
总司令,回东北主持工作。但是,赵尚志却被关押了一年半
之久。

　　获得自由之后,赵尚志组织了一支有 100 多人的精干队
伍返回东北,攻打乌拉嘎金矿,袭击日本测量队,后来因为
敌人的严密封锁,分兵失利,不得不再次返回苏联。1940 年
3 月,由于叛徒造谣说他要"捕杀省委",北满省委未经调查
就轻率地作出"永远开除赵尚志党籍"的决定。不久,他被

调到东北抗联第二路军任副总指挥。1941 年初，又被派去莫斯科学习，再次受到批判。赵尚志心情之沉重是可想而知的，他给中共中央写了一份长长的申诉书，深情地表示："我参加党，作革命斗争已将 15 年，党的一切工作，就是我一生的任务……我一天也不能离开党，望党组织一天也不要放弃对我的领导。"同时，他也坚决向苏方要求，准他回到东北，回到他魂牵梦萦的抗日战场。1941 年秋，他的要求得到批准，苏方允许他带五个人的小分队回国。一到东北，赵尚志就对周围的同志说："我死也要死在东北的战场上！"他要重新组织起队伍与日寇大干一场；他还想骑马到延安，向中共中央去汇报工作。

然而，这时的东北形势更为严峻。百万敌军遍布各地，抗联的活动几乎无法进行。敌人得知赵尚志回来了，精心策划派遣特务打进赵尚志的小分队，阴谋诱捕他。他们派特务刘德山等人化装成收山货的老客进山，正巧赵尚志身边的一个战士认识刘德山，便被收留在小分队。1942 年 2 月 12 日，小分队袭击梧桐河警察所。途中，刘德山乘人不备，从背后向赵尚志开枪。赵尚志腹部受伤，但仍忍着剧痛，回枪击毙了刘德山。赵尚志因重伤流血过多，在昏迷中被俘。

敌人对赵尚志进行突击审讯。据伪三江省警务厅给满洲国治安部的报告记载："赵尚志受伤后，仅活八小时。当警察对他审讯时，他对满人（中国人）警察说：'你们不也是中国人吗？你们出卖了祖国，还不觉可耻吗？我一个人死去，这没有什么。我就要死了，还有什么可问？'说完闭口不语，狠狠地瞪着审讯他的人，而对他受重伤所造成的痛苦，未发一声呻吟。其最后的表现，真不愧为一个'大匪首'的尊严。"

这一年，赵尚志 34 岁。40 年后，中共黑龙江省委作出了《关于恢复赵尚志同志党籍的决定》。新中国成立后，为了表彰赵尚志的抗日功绩并永远缅怀这位抗日英雄，黑龙江省珠河县第一届工农代表大会通过决议把珠河县改名为尚志县，把他的牺牲地改名为尚志村，把哈尔滨的一条主要街道命名为尚志大街。1988年 5 月，黑龙江省尚志县和宝泉两处的赵尚志烈士纪念馆同时开馆。

▲根据赵尚志头骨复原的头像

杨靖宇:

白山黑水间的抗日英雄

提起东北抗日联军,人们便会想到杨靖宇,想到他冒着严寒,以树皮、棉絮和野草果腹与日军战斗到生命最后一息的英勇事迹。这位伟大的民族英雄将自己的一切融入了抵御外侮的伟业中。他的名字、他的精神也已铸进了祖国历史的丰碑里,与山河同在,与日月同辉。

杨靖宇原名马尚德,又名顺清,字骥生。因革命工作需要,他曾用张贯一、乃超、周敏等化名。1932 年赴南满领导抗日武装斗争时,改名杨靖宇(在朝鲜语中"靖宇"有"驱逐外敌"之意,表达了他驱逐日寇、平定四方的决心)。1905年农历正月初十,生于河南省确山县李家湾村(今属驻马店市驿城区古城乡)的穷苦农民家庭。杨靖宇 8 岁进私塾读书,13岁时考入确山县高等小学,受五四运动影响,领导了罢课和焚烧日货的斗争。19 岁时考入河南省开封纺染工业学校,在校期间开始接受中共地下党组织的教育和培养,学习马克思主义。

1925 年五卅运动爆发后,他与同学一起积极声援上海工人、学生的反帝爱国斗争,6 月加入中国共产主义青年团。

▲杨靖宇（前排右）在开封求学时与
同学合影

1926 年 10 月，国民革命军北伐占领武汉，受党的指示，杨靖
宇离开学校，回到家乡确山县开展农民运动，组织农民协会。
1927 年 2 月 15 日，他当选为县农民协会会长，此时确山县农
民协会会员已经发展到 1 万多人。4 月 4 日，在杨靖宇等人领
导下，确山县数万农民举行了河南最早的一次暴动，活捉反动
县长王少渠，成立了确山县临时治安委员会。这是河南省第一
个新生的工农政权，杨靖宇当选为委员。同年 6 月，他加入中

国共产党。10 月底参加刘店秋收起义，担任农民革命军总指挥。1928 年初，调到中共河南省委工作，在洛阳、开封等地先后三次被捕入狱，始终坚贞不屈。1928 年末，他奉命赴上海，参加党中央举办的干部训练班学习。

1929 年春，杨靖宇奉党中央指示，化名张贯一赴东北，任中共抚顺特别支部书记，从事工人运动工作。同年秋被捕，在狱中坚持斗争。1931 年九一八事变后刑满出狱，任哈尔滨市委书记、满洲省委委员、代军委书记等职，积极领导东北人民的抗日斗争。1932 年 11 月，任中共满洲省委军委代书记的杨靖宇赴南满伊通、磐石、桦甸等地巡视工作，从此，他便与南满各地结下了不解之缘。从组建抗日游击队，到成立抗日联军第一路军，再到 1940 年他身陷重围壮烈牺牲，杨靖宇将一生中最有作为的年代全部奉献给了南满的林海雪原，而与之相伴的则是酷寒、饥饿和日伪军没完没了地追剿、截杀和围困。①

磐石是朝鲜族、汉族杂居地区。磐石游击队是中国共产党在东北最早创建的抗日武装之一，其先驱是朝鲜族抗日英雄李红光。由于日伪军的不断袭击和内部的动摇，这支队伍处于动荡与涣散状态。杨靖宇到来后，进行了耐心而细致的工作。他按照中国工农红军的经验整顿当地游击队，组成中国工农红军第三十二军南满游击队。为了说服干部战士建立根据地，他指着灯对大队长说："你看这盏灯，没有碗就盛不住油，光有碗没有油，灯就点不着。咱们的游击队还不是这样？没有根据地就像没有家。我们是磐石的子弟兵，在那

---

① 朱秀海：《黑的土 红的雪 东北抗联苦战纪实》，解放军文艺出版社 2005 年版，第 36 页。

里土生土长，那里山深林密，便于建立根据地，我们为什么要远离磐石，做没有油的灯芯?"杨靖宇的努力终于有了结果，磐石游击队的面貌焕然一新。他领导游击队运用灵活机动的游击战术，在根据地人民的大力支援下，粉碎了敌人四次围攻，并主动出击，在不到五个月的时间内，进行大小战斗60余次，打死打伤日伪军130余人，缴获许多武器弹药。游击队在战斗中越战越强，由建队时的不足百人，扩大到250余人，声威遍及南满。

1933年9月18日，即九一八事变两周年纪念日，在南满抗日游击队、海龙抗日游击队的基础上，东北人民革命军第一军独立师成立，杨靖宇任师长兼政治委员。这年冬天，他就率部南跨辉发江，挺进濛江、桦甸、辉南、金川、通化一带。从黑石过江时，正值初冬雪后，江水尚未冻结，也无桥和船。杨靖宇将自己的战马让给别人，第一个跳进江里，涉水过河，大家跟着杨靖宇，没有一个掉队的。

1933年10月，日伪军开始了为期40天的"大讨伐"。杨靖宇率部队与日伪军作战，接连取得了奇袭三元浦、巧取凉水河子、攻打八道江等一连串的胜利，给日军和盘踞江南的伪满军邵本良部以沉重的打击。在此过程中，杨靖宇团结了20余支抗日武装，共约4000余人，将游击区域扩展到辉南、金川、柳河、抚松等20多个县。1934年2月，他联合各抗日义勇军成立抗日联军总指挥部，并担任总指挥。11月，中共南满第一次党代会决定成立东北人民革命军第一军，杨靖宇担任军长兼政委。这支队伍纪律严明，作战勇猛，深得老百姓的拥戴和信赖。在杨靖宇的领导下，南满抗日游击区成为南满抗日游击力量的主力，是东北抗日武装的中心之一。

东北人民革命军在杨靖宇的带领下活动范围不断扩大，到

▲抗日联军密营

1935 年春，抗日游击区域已由原来的磐石、双阳等五六个县扩大到以通化为中心，东至桦甸、濛江，西至双丰、西丰，南至凤城等 20 多个县的广大地区。1936 年 7 月，为联合东北所有的抗日武装，根据中共中央《八一宣言》和《东北抗日联军统一军队建制宣言》精神，各抗日部队代表召开会议，决定将东北人民革命军和东北反日联合军均改编为东北抗日联军。东北人民革命军第一军改称为东北抗日联军第一军，杨靖宇仍任军长兼政委。7 月，抗联第一军、第二军合编为东北抗日联军第一路军，并成立总司令部，杨靖宇任总司令兼政委。第一路军的基本队伍有六七千人，接受指挥的其他抗日武装约万人。看到抗日力量不断壮大，擅长写歌词的杨靖宇创作了充满激情的《东北抗日联军第一路军军歌》：

我们是东北抗日联合军，创造出联合军的第一路军。乒乓的冲锋陷阵缴械声，那就是革命胜利的铁证。

正确的革命信条应遵守，官长士兵待遇都是平等。铁般的军纪风纪要服从，锻炼成无敌的革命铁军。

亲爱的同志们团结起，从敌人精锐的枪刀下，夺回来失去的我国土，解放亡国奴的牛马生活！

英勇的同志们前进呀！赶走日寇推翻"满洲国"。这一次的民族革命战争，要完成弱小民族的解放运动。

高悬在我们的天空中，普照着胜利军旗的红光。冲锋呀，我们的第一路军！冲锋呀，我们的第一路军！①

这首歌以通俗的语言，宣告了抗联第一路军的性质、宗旨和对官兵的要求，生动而庄严，是一首激励人心、催人奋进的歌。直到今天，抗联的老战士们哼唱起来，仍然满怀深情。

第一路军成立后，为了扩大游击队活动区域，1936 年和 1937 年，杨靖宇组织第一军的一师和二师向热河方向西征，将士们突破日伪军的重重封锁，取得了多次胜利，在本溪、沈阳附近的梨树甸子，在本溪、凤城间的摩天岭都曾歼灭过不少敌人，缴获许多武器。然而，敌人重兵阻击，沿途群众尚未动员起来，远征部队人地两生，长途行军又疲病交加，被迫返回原游击区。虽然两次西征都没有达到设想的目标，但在途中却积极宣传了中国共产党的抗日主张，扩大了抗联的影响，鼓舞了群众的抗日热情，打击了敌人的嚣张气焰。为纪念这一重要的军事行动，杨靖宇自己创作了《西征歌》。

1937 年，东北抗日游击战争发展到最高潮，第一路军基

---

① 胡维仁、季民文、曹荣光：《林海雪原写春秋——记东北抗联第一路军总司令、伟大的民族英雄杨靖宇》，载黄涛、史立成、毛国强编著：《中国共产党抗日英雄传》，解放军出版社 2005 年版，第 7—8 页。

▲东北抗日联军一军西征会议遗址

干队伍达到 16000 人。杨靖宇率领部队在宽甸、桓仁、新窑、清原、辑安、通化等地积极展开对敌斗争，全力牵制日军兵力，配合关内抗战。杨靖宇杰出的军事指挥才能和英雄业绩，得到党中央和毛泽东等中央领导的肯定，对他们在冰天雪地与敌人周旋抗争的精神进行了褒扬。

日本帝国主义一直把东北作为征服中国的战略基地，东北抗联似一把尖刀插入敌人心脏，动摇了日伪反动统治，敌人称杨靖宇为"满洲治安之癌"。因此，从 1938 年起，日本关东军司令部调动日伪军警 6 万余人，对杨靖宇及抗联一路军进行"大讨伐"。1938 年 1 月，杨靖宇率部来到辑安县老岭山区。此时，日军正在修筑通化至辑安的铁路。这条铁路是梅河口至通化铁路的延长线，是日本人为掠夺通化地区资源，"讨伐"第一路军和镇压朝鲜抗日斗争而修筑的一条重要交通线。3 月的一个黄昏，杨靖宇来到通辑线上最艰巨的隧道工程老岭山附近，指挥一部分战士化装成工人，进入工程现场。战斗一打响，抗联战士内外夹攻，向敌人袭击。据敌方统计，日伪军警被击毙 7 人，俘虏 5 人；解放被抓去的劳工 1731 人（包括逃散者），烧毁建筑物 12 栋，汽车 3 台，及大量建筑材料，敌人损失共达 20 万日元以上。敌人称之为"东边道肃正史上最巨大的一章"。当日伪援军赶赴现场时，抗联战士们早已携带着战利品安全撤离了。

老岭事件后，杨靖宇继续以老岭山脉为依托，采取夜袭、伏击、迂回游击战术，在逶迤百余里的山区与敌人周旋苦战。杨靖宇指挥的东北抗日联军以攻袭通辑铁路工程为重点开展了一系列斗争，袭击老岭隧道工地的敌人，取得蚊子沟、土口子、长岗、岔沟、土箕河、大蒲柴河战斗的胜利，击毙日本指挥官西田重隆，消灭了日伪称之为"剿匪之花"的伪满军"索旅"，粉碎了敌人策划的"东边道大讨伐"。

1938 年秋天以后，日伪军在东北加紧讨伐抗日联军。由于天气寒冷，抗联的斗争变得更加艰苦，抗联战士缺衣少食，经常十天半月吃不到粮食，常常是渴了抓把雪，饿了吃些树皮、野菜、草根，常常是空腹与敌军搏斗；没有鞋穿，就用麻袋片或破布把脚包起来。与此同时，敌人在抗联活动地区实行"集家并屯"和"保甲连坐"法，妄图孤立抗日联军。他们还在大小城镇实行"专卖"，禁止所有物资自由买卖，意图陷抗联于绝境中。敌人还实行了"篦梳式讨伐"和"狗蝇子战术"，对抗联一路军进行疯狂"围剿"。战士们甩掉一股敌人不久又遇到一股敌人，体力消耗很大，加上长白山地冻天寒，气温经常在零下三四十摄氏度，不少战士冻掉了手指和脚趾。1938 年 10 月，抗联一军 1 师师长程斌叛变，一路军活动更加艰难。日军在程斌指引下调动包括三个日本关东军支队在内的两万多人，设置十多层包围圈，将杨靖宇部队包围在临江岔沟，妄图一网打尽。抗联战士未及探察，陷入重围。于是，抗联一路军史上一场规模最大、最激烈的战斗——岔沟突围战展开。

10 月 18 日，杨靖宇率领部队一次又一次地击退敌人的进攻，但渐渐地被压缩到山间几座大砬子上。天黑了，敌人断定杨靖宇已是无法逃脱了，便停止了进攻，准备第二天集中消灭。谁曾想，杨靖宇在夜幕掩护下命令冲锋队先出发，爬上西北山冈后，大部队边打边往外冲。敌人在夜幕下分不清彼此，盲目射击。混乱之中，战士们打开突破口，主力部队胜利突出重围。

岔沟突围虽然成功了，但一路军在原来的游击区无法立足，残酷、激烈的战斗使部队大量减员。1939 年是抗联一路军抗战以来最艰苦的时期之一，部队伤亡很大。10 月，杨靖宇在头道溜河口主持召开了中共南满省委、第一路军主要负责人会议，决定化整为零，将第一路军编成若干小股部队，实行分散活动。当年冬天，杨靖宇率部告别父老乡亲们，进入长白山密林中。在渺无人烟的原始森林中，战士们过的是"天大的房，地大的炕；火是生命，森林是家乡；野菜野兽是食粮"的生活，令人无法想象。一位老战士曾回忆说："天寒地冻，无衣食，有时赤足行军在雪地上，空腹与顽敌搏斗。当时吃一顿最好的美餐是雪水煮苞米粒子……常常是渴了就抓把雪；饿了，吃点草根或树皮。有时实在饿得难受，就吃黄腊，吃的脸皮都胖肿了。至于油盐酱菜，我们连想都不去想。有多少战友躺倒了就再也起不来了……"在这样艰苦的条件下，杨靖宇率领英勇的战士们依然在顽强苦斗。

恶劣的生存环境，敌人残酷的"讨伐"，严密的封锁，使部队减员严重，杨靖宇身边的人越来越少。刚进长白山时，有 1400 多人；到 1939 年 12 月 24 日，尚有 400 余人；到 1940 年 1 月，只有 200 人左右；1 月末，有 60 多人；2 月 2 日，不到 30 人；到 2 月 10 日，只剩下 12 名战士了。即使是这样，杨靖宇也毫不气馁。他"并未放弃再建的希望，继续着策划"。

▲1939 年夏，杨靖宇及抗联第一路军警卫旅。

但是，他的期望没有实现。1940 年 2 月 15 日早晨，杨靖宇与身边的 7 名战士又一次被迫与敌人交战，他们一边抵抗一边迅速转移，3 名战士负伤。杨靖宇命令战士黄生发带领伤员往回走，到安全的地方，临别时他与 4 位战士一一握手，并对他们说："为了革命，我们要坚持到底，就是死，也不能向敌人屈服。革命，不管遇到多大困难总是会胜利的。"说完他自己和朱文范、聂东华两位战士前行。在生死关头，杨靖宇再一次把生的机会留给了受伤的同志。这天夜里，敌人整整追赶了一夜，一根一根地划着火柴，寻找杨靖宇等人的脚印和血迹。2 月 18 日，杨靖宇身边仅存的两位战士在濛江县城东南的大东沟附近购买粮食时，被敌人发现，不幸牺牲。敌人从他们身上搜出手枪、现金和杨靖宇的印章等物品，认定杨靖宇就在附近，于是缩小包围圈，封锁了濛江县各村之间的通道，并向附近的村民发出通告"入山打柴不准携带午饭"，企图置杨靖宇于死地。2月23日，杨靖宇只身一人来到濛江县保安村附近的三道崴子。此时，他至少有五六天没吃到粮食了，在这里他遇见了几个打柴的，向他们讲抗日救国的道理，并请他们买点吃的和穿的。其中有一人劝他投降，杨靖宇说："我有我的信念，我不能投降。"打柴人答应拿来粮食和衣物。但他们当中有一人丧尽天良地向敌人告了密，杨靖宇被"讨伐队"包围了。

日本侵略者记载了杨靖宇这位英雄生命的最后一刻："讨伐队已经向他迫近到百米、五十米，完全包围了他。讨伐队劝他投降，可是，他连答应的神色也没有，依然用手枪向讨伐队射击。交战20分钟，杨靖宇的左腕中弹。但是，他继续应战。因此，讨伐队认为生擒困难，遂猛烈地向他开火。"下午4时30分，杨靖宇被射中胸膛，壮烈殉国，时年35岁。

杨靖宇的遗体运下山，经叛徒张秀峰辨认，证明确实是杨靖宇。日军根据追踪时间进行估算，认为他缺粮已有半个月，完全断粮至少在五天以上，能够在零下20摄氏度且没有房屋的山林中坚持下来简直不可思议，是什么样的力量才能支持着他顽强地进行战斗啊！敌人剖开他的遗体，不由得惊呆了。他们发现杨靖宇的胃饿得变了形，里面除了尚未消化的草根、树皮和棉絮，连一粒粮食也没有！在场的敌人被他威武不屈的精神折服了。通化省警务厅长岸谷隆一郎不得不承认："虽为敌人，睹其壮烈亦为之感叹：大大的英雄！"并特意为杨靖宇举行了"慰灵祭"。

▲日军广为散发的杨靖宇遇难照片，左起第一人
即出卖他的张秀峰。

　　敌人出于对东北抗联的畏惧，残忍地将杨靖宇的头颅用铡
刀切下，在他曾经战斗过的地区、伪满通化省和各地示众，企
图达到震慑作用，而后又在多处巡展，还拍摄、印制大量照
片、传单，利用飞机撒向抗联战斗过的地方及一些居民区，以
动摇革命群众意志，瓦解抗联队伍。直到 1958 年杨靖宇的身
首才得以合在一起。①

----

① 穆成林编著：《开国元勋眼中的抗日英烈》，中共党史出版社 2005 年版，第
103 页。

▲日本关东军的《杨靖宇匪追踪歼灭要图》

　　杨靖宇将军被评为 100 位为新中国成立作出突出贡献的英雄模范之一。为了纪念这位英雄，后人将杨靖宇英勇战斗并流尽最后一滴鲜血的地方——濛江县，改名靖宇县，将他曾任区委书记的道外区最繁华的正阳大街改名为靖宇街，还设立了杨靖宇烈士陵园，杨靖宇将军殉国地纪念碑、杨靖宇将军纪念塔、杨靖宇将军纪念馆，永远缅怀这位英雄先烈。

佟麟阁、赵登禹：

卢沟桥畔忠勇双雄

　　1937 年 7 月 7 日，日军在卢沟桥畔蓄意挑衅，震惊中外的七七事变爆发。从此，中国拉开了全面抗战的序幕。负责守卫卢沟桥的是二十九军，大敌当前，他们奋勇抵抗。7 月 28 日，在保卫南苑的战斗中，二十九军副军长佟麟阁、132 师师长赵登禹指挥将士奋勇抗敌，壮烈牺牲。佟麟阁将军是全面抗战爆发后捐躯疆场的第一位高级将领，赵登禹则是抗日殉国的第一位师长。自此以后，"年年七七当此际，临风酹酒哭两雄"，佟麟阁、赵登禹这两个名字就和卢沟桥联系在了一起，深深刻在了中国抗日战争的历史丰碑上。

　　佟麟阁，原名凌阁，字捷三，河北省保定市高阳县边家坞村人，1892 年 10 月 29 日出生于一个农民家庭，排行老二，上有一个哥哥，名禄阁，父亲焕文，母亲胡太夫人。佟麟阁 7 岁开始跟随教私塾的舅父胡老先生读书，胡老先生常以班超投笔从戎、岳飞精忠报国等历史故事，谆谆教诲，启发其爱国思想。所以，佟麟阁在幼年时代，就非常仰慕班超、岳飞等先贤为人，萌发救国之念。[1]

---

① 张承钧、熊先煜主编：《佟麟阁将军》，北京出版社 1990 年版，第 8 页。

1907 年在佟麟阁 15 岁时，由父母做主，与本县八果庄农民女儿彭静智结婚。夫人勤俭持家，对佟麟阁事业很支持，在随军生活中，曾与冯玉祥夫人李德全组织军属纺纱织布，为将士做军衣。北伐战争中，佟麟阁在前线指挥作战，交通受阻，军饷不济，夫人曾到前线亲送款项，深受将士佩服和敬仰，冯玉祥称她为模范夫人。他们一生共生育六个子女。

▲佟麟阁将军与夫人彭静智、次子佟兵于 1935 年 1 月 14 日在张家口合影

佟麟阁 16 岁时，经友人介绍，到高阳县县公署当缮写。1912 年，冯玉祥在河北景县招募新兵，佟麟阁入其麾下，先在北京南苑训练，后开赴西郊三家店。当时，佟麟阁为左哨哨长，不久升为哨长。

佟麟阁入伍以后，就随冯玉祥南征北战，先后驻防过陕西、四川，河北廊坊、湖南常德、河南信阳以及北京南苑等地。佟麟阁一心报国，苦练杀敌本领。平时他沉默寡言，正直忠毅，治军严明，常以孔子"见利思义，见危授命"及岳飞"文官不爱钱，武官不惜命"等激励自己和他人，与士卒同甘共苦，以身作则，严守纪律。每逢作战，他总是身先士卒，奋不顾身。冯玉祥很欣赏他，累加超擢，从一名士兵逐渐升任连长、副营长、营长、团长、旅长、师长等职，成为冯玉祥最赏识的将领之一。

佟麟阁幼年读书不多，在忙碌的军旅生活之余，他拜人为师，虚心请教，并利用空闲读书、习字，文化水平也大有长进。1913年，冯玉祥任备补军左翼第一旅旅长兼第一团团长时，被基督教平等博爱思想所吸引。佟麟阁经牧师刘芳的介绍，受洗入教，并把基督教引入军队，从此对基督教笃信不渝，被人称为"佟善人"。1922年，佟麟阁入设于南苑的"陆军检阅使署高级教导团"受训一年，系统地学习高级军事课程，政治素质和军事素质大大提高。

1926年，佟麟阁任国民革命军第11师师长（辖31、32、33等三个混成旅），4月，吴佩孚、张作霖、阎锡山组成讨赤联军，分五路进攻国民军，佟麟阁第11师与刘汝明的第10师固守南口、青龙桥、延庆一带，坚持战斗达五个月之久。由于多伦失守，佟麟阁、刘汝明两师奉命撤退，转进五原。冯玉祥在五原誓师，就任国民联军总司令，全军加入国民党参加北伐。次年，佟麟阁任国民革命军第二集团军三十五军军长，第五路副总司令，参加豫东大战；后奉命进驻兰州，代理甘肃督办，坐镇天水，兼任甘肃省陇南镇守使，参加第二次北伐。1930年，冯玉祥在中原大战中失败，其军队被蒋介石收编、瓦解。佟麟阁的第27师被杨虎城改编，他被解职，离开了军旅。

离职后，他由陕入晋，先住在阳泉，后赴汾阳峪道河与冯玉祥同住，陪着冯玉祥读书练字，打猎种地，也一起探讨军事政治斗争的经验教训。九一八后，冯玉祥在国民党四届一中全会上主战未成，上泰山隐居，佟麟阁也在此时迁居北平。1933年，宋哲元任察哈尔省主席，佟麟阁受宋哲元之邀担任察哈尔省警务处长兼张家口公安局局长。长城抗战时，佟麟阁代理察哈尔省主席。喜峰口之役，参与指挥作战机要，并在张家口筹给后方军备，维持局势，颇有建树。

1933年5月，察哈尔省民众抗日同盟军在张家口成立。冯玉祥任总司令，佟麟阁任第一军军长，后又任同盟军事委员会委员和常委。抗日同盟军出兵张北，收复多伦，声名大振。在此期间，佟麟阁则在后方筹备军需，治军理政，维护局势，并出版《国民新报》。同年8月，同盟军不幸失败，宋哲元回察哈尔主政。佟麟阁再次隐退，回到北平香山寓所，等待报国时机。[1]

1936年，平津和全国的抗日救亡运动方兴未艾，而且，在佟麟阁隐退期间，宋哲元再三敦请他出山，二十九军高级将领冯治安、赵登禹、张自忠、刘汝明等亦联袂相请。于是，佟麟阁放弃山林生活，出任二十九军副军长兼军事训练团团长、大学生军训班主任，坐镇二十九军军部所在地南苑。佟麟阁本善治军，在此民族危急关头，他更是使出浑身解数，日夜不懈。他常勉励部下："衅将不免，吾辈首当其冲，战死者荣，偷生者辱，荣辱系于一人者轻，而系于国家民族者重。"他也让全军监督他，曾说："中央如下令抗日，麟阁若不身先士卒者，君等可执往天安门前，挖我两眼，割我两耳。"[2]

1937年7月28日，日军向北平发动总攻击，进犯南苑。当时南苑守军有二十九军卫队旅、骑兵第9师留守的一部、军事训练团、平津大学生军训练班共5000余人。佟麟阁誓死坚守。他对士兵说："既然敌人找上来了，就要和他死拼，这是

---

① 侯兆水：《麟阁功名麟阁扬——记佟麟阁》，载中共北京市委党史研究室编：《北京烈士传》，北京出版社1990年版，第166页。

② 王成斌等主编：《民国高级将领列传》（第二集下），解放军出版社2003年版，第423页。

军人的天职，没有什么可说的。"在指挥右翼部队突击之时，佟麟阁被敌机射中腿部，部下劝其退下对伤口进行处理，他说"情况紧急，抗敌事大，个人安危事小……"执意不肯下火线，仍带伤率部激战，奋勇当先。虽然当时守军炮械落后，但士气却异常高涨，守军与日军从拂晓战至中午。日军见久攻不下，便派飞机前来助战。在敌机的狂轰滥炸中，带伤指挥作战的佟麟阁头部又再受重伤，终因流血过多壮烈殉国，时年45 岁。

▲1937 年春，二十九军高级将领在北平举行军事会议后的合影。后排右起佟麟阁、赵登禹、冯治安、郑大章。

赵登禹，字舜城，1898 年 5 月 16 日出生于山东省菏泽县赵楼村一个农民家庭，7 岁时入私塾，因家境贫寒，两年后辍学。不久，父亲去世。赵登禹开始下地劳动，割草、放羊，什么活都干，到十五六岁时，已长得膀大腰圆，体魄健壮。菏泽一带，民间习武成风。13 岁时，赵登禹与哥哥登尧拜当地有名的武术师朱凤军为师学习武术，练就了一身娴熟的武艺。身高体健，再加上有武艺在身，养成了赵登禹天不怕、地不怕的性格，路遇不平总要出来管管，因而人称"赵大胆"。

16岁时，赵登禹与哥哥赵登尧和同村好友赵学礼、赵全胜离开家乡，步行1800多里，赶赴陕西潼关，投奔冯玉祥第十六混成旅。由于赶路时间长，他们到达潼关时冯旅已经不招新兵了。赵登禹便找到征兵的长官左磨右泡，最终被编到1团3营2连，成为了佟麟阁的部下。①

入伍后，赵登禹刻苦训练，加上他有武术功底，进步很快。1916年，冯玉祥的部队调到通州、廊坊、天津三处驻防，在一次阅兵时，赵登禹因技术超群、武艺出众，被冯玉祥看中，调到身边当贴身护兵。冯部第十六混成旅驻湖南常德时，时有老虎伤害人畜。一天，部队正进行野战演习，一只大老虎跃将出来。赵登禹带领大家围追，老虎中枪，跳入江中。赵登禹将老虎拖上岸来，骑在老虎身上，将老虎打死。当时，曾有人给他拍了一张骑虎的照片。赵登禹牺牲后，冯玉祥在此照片上题了"民国七年的打虎将军"。

1922年春，第一次直奉大战爆发，赵登禹在孙良诚团任尖兵排长，攻打奉军炮兵阵地，全胜而归，缴获大炮百余门，遂升任第一连连长，后因功绩卓绝，连获晋升，历任排长、连长、营长、副团长等职。1927年，冯玉祥部改编为第二集团军，东出潼关，攻克河南，赵登禹一路战功显赫，晋升为旅长。1928年，他任第27师师长，转隶第四方面军宋哲元部。中原大战后，西北军被张学良收编，改编为二十九军，赵登禹被任命为第37师109旅旅长，驻山西猗代、辽县一带。九一

---

① 张承均、赵学芬主编：《赵登禹将军》，北京出版社1992年版，第14页。

▲冯玉祥亲笔题字的赵登禹打虎照

八事变后，赵登禹怀着忠于祖国、坚决抗日的壮志，奔赴前线，英勇杀敌，屡建奇功，名声大振。

1933年初，日军占领榆关后，长驱直入热河。3月9日，日军铃木师团进逼喜峰口。赵登禹奉命率所辖217、218两团从遵化经三屯营向喜峰口急进防堵，一日疾驰80公里，在日落前先敌一步赶到喜峰口。此时，日军已开始进攻，赵登禹沉着冷静，把王长海的217团派到第一线，抢占喜峰口两翼长城一线，把218团和特务营布置在第二线。黑夜中，217团官兵英勇奋战，敌我双方犬牙交错，形成混战。长城垛口失而复得达20余次。为抢占两侧高地，王长海率部反复冲锋，与敌肉搏，激战了整整一夜。3月10日凌晨，日军又向喜峰口高地强攻。赵登禹不动声色，待敌进至百米以内，挥刀率部出击击退日军。日军改变战术，轮番使用飞机、大炮狂轰滥炸，赵登禹身负数伤，仍在前线指挥。

3月11日上午，3000多日军又一次向喜峰口发动进攻，一度占领东侧高地，赵登禹和37旅旅长王治邦马上组织增援力量，又在下午夺回了阵地。作战中，赵登禹的左腿被炮弹击伤。是夜，寒风怒吼，冰雪覆地。两路官兵身背大刀和手榴弹沿着蜿蜒的山路悄然前行。赵登禹扶着手杖，率领217、226、224团的敢死队，出潘家口，越滦河，绕到敌人的炮兵阵地和宿营地。当时，日军正在酣睡，忽然营房里被扔进了手榴弹，闪亮的大刀劈头盖脸而来，一时间死伤累累。此次雪夜出击，二十九军毙伤日军500余人，破坏敌人大炮18门，缴获大量枪支弹药，还烧毁了日军许多辎重粮秣。13日，赵登禹旅与友军再次向敌攻击，又获胜利。

喜峰口之役，二十九军与敌血战五昼夜，始终坚守阵地。此役后，二十九军为全国钦敬，赵登禹也声名大振，成为妇孺皆知的抗日英雄，获得了国民政府颁发的青天白日勋章。第109旅也扩编为第132师，赵登禹升任师长。① 1936年，赵登禹晋升为陆军中将，兼河北省政府委员。

1937年7月7日夜7时30分，日军驻丰台部队在卢沟桥中国守军驻地附近举行挑衅性军事演习。深夜，日军称演习时失落士兵一名，要求进宛平城搜查，遭到冀察当局的拒绝。但冀察当局为防止事态扩大，答应双方交涉。日军一边交涉，一边向二十九军卢沟桥守军发起进攻。二十九军司令部立即命令前线官兵："确保卢沟桥和宛平城"，并提出"卢沟桥即尔等之坟墓，应与桥共存亡，不得后退。"守卫卢沟桥的是37师何基沣旅吉星文团金振中营，他们奋起抵抗，誓死不屈。

卢沟桥事变后，日军向平津一带调遣大量士兵和大批飞机、坦克、大炮，从7月下旬开始，不断寻衅，向平津地区发

① 王成斌等主编：《民国高级将领列传》（第二集下），解放军出版社2003年版，第482页。

动进攻。7月26日，日军占领平津间的重地廊坊，并向宋哲元提出最后通牒，限二十九军第37师于28日中午以前从北平附近撤退完毕。27日，宋哲元向全国发出了"自卫守土"的通电，拒绝日方一切无理要求。同时下令设立北平城防司令部，以张维藩为城防司令；任命正在接防的赵登禹为南苑方面司令官；同时将二十九军军部由南苑移到北平城内怀仁堂。7月27日，赵登禹率一个团到达距南苑两公里的团河时，遭到日军的截击，双方展开激战，我军伤亡过半，赵登禹急率余部赶到南苑，与佟麟阁死守阵地。

▲行进中的二十九军大刀队

7月28日拂晓，日军以步兵三个联队、炮兵一个联队、飞机40架的优势突然从东、南、北三面向南苑发起进攻。日军先以强烈炮火猛攻守军阵地，以一个联队兵力向我军阵地推进。当日军行至我军阵地前约200米处，赵登禹率部队冲杀，日军被击溃。日军施以猛烈炮击，守军被迫停止前进。赵登禹急令预备队增援，自己则手持大刀和驳壳枪向前冲杀。官兵见师长带头冲锋，大受鼓舞，士气大振，一鼓作气将日军驱退一里多路。由于南苑一带全是平原，没有防御工事，赵登禹部被包围在狭小的营区内，只有围墙作掩护，进行抵抗。这些掩体形同虚设，守军完全暴露在敌人炮火之下，伤亡惨重。激战数小时后，二十九军的阵地被日军攻入，佟麟阁命令部队向大红门撤退，但日军很快集中兵力包抄大红门，佟麟阁在敌机的狂轰滥炸中壮烈牺牲。

佟麟阁殉职后，赵登禹奉命率部向大红门集结。当他乘坐的汽车行至御河桥时，突遭日军伏兵袭击，他的副官李先池当场牺牲，赵登禹左臂中弹，昏迷过去。在部属们准备将他送往医院时，他醒过来了，说："不要管我！军人战死沙场原是本分，没有什么值得悲伤。只是北平城里还有我的老母亲，你回去告诉老人家，忠孝不能两全，她的儿子为国死了，也算对得起老祖宗……"说完，他就停止了呼吸，时年39岁。

佟麟阁、赵登禹的壮烈牺牲，令北平和全国人民震惊。7月31日，国民政府发布褒奖令，追赠佟麟阁和赵登禹为陆军上将。

赵登禹牺牲后，遗体被就地掩埋。抗日战争胜利后，他的战友将他和南苑抗日阵亡将士的遗骨移葬于卢沟桥畔。

高志航：

东北飞鹰，空军战魂

在抗日战争中，中国空军写下了英勇悲壮的一页。抗战初期，他们以薄弱的力量与强于自己数倍的日本空军奋战，在抗战第一年就击落敌机 209 架。空军自身的伤亡也很惨重，到淞沪会战结束，空军主力损失殆尽，大批优秀的飞行员牺牲。中国空军抗敌，最悲壮、最英勇的就是淞沪抗战。淞沪抗战中国空军最辉煌的一战就是八一四空战，这是中国空军首次与日军进行大规模空战，在双方兵力对比为十二比一的劣势情况下，中国空军飞行员奋勇作战，以寡敌众，在杭州上空取得了六比零（实际为三比零，对外宣传为六比零）的骄人战绩，打破了日本空军不可战胜的神话。担负这次战斗任务的是中国空军第四大队，他们的大队长就是被张学良誉为"东北飞鹰，空军战魂"的高志航。

高志航，原名高铭久，字子恒，后改名"志航"，表明了自己献身航空的决心。1908 年 5 月 14 日高志航生于吉林通化县三棵榆树村一个贫苦农民家庭。父亲高景文，母亲李春英。高志航共有兄弟六人，姐妹两人，他为长兄。

高志航 9 岁入学，成绩总是名列前茅，1924 年以优异的成绩毕业于奉天中法中学。东北是日本较早侵入的地方，特别是日俄战争后，大批日本人来到东北，日本人在各地横行霸道，为非作歹。对这一切，高志航耳闻目睹，有切身之痛。中学毕业后，他放弃了报考大学的机会，毅然投笔从戎，考入了东北陆军讲武堂，开始了他的军旅生涯。

▲东北陆军讲武堂旧址

高志航考入陆军讲武堂之后，在炮科学习。当时，东北名将郭松龄主持成立了东北陆军军官教育班，选拔优秀的中等以上学校毕业生参加。不久又决定派遣留学生赴欧洲学习新的兵种技术，人员从军官教育班中考试选拔，高志航被选中。1924年，第一批13人去法国学习航空。次年，又选了27人。正当准备启程赴欧时，高志航得知了这个消息，他急忙找到队长要求去法国学习飞行，在队长的帮助下，被允单独应试。学习航空，高志航有许多优势：身体好，学习成绩佳，又在法国天主教堂办的中法中学学习过法文。但也有不尽如人意之处，那就是个子太小（只有1.67米）。郭松龄因为这个原因还产生过犹

豫，高志航险些落选。后来高志航想了一个主意，用法语给张
学良写了一封信，表明自己投身航空事业的决心。加之高志航
自身十分优秀，又一门心思想学飞行，杀敌报国，最终如愿以
偿去了法国。

临行前，张学良接见了他们。高志航激动万分，他对张学
良说："保卫祖国，空中英雄就是我的奋斗目标。为了实现我
的目标，从现在起我将子恒改为志航，请总司令批准！"说完
还行了个军礼。张学良拍了拍他的肩膀，说："好，批准！"自
此，高子恒更名为高志航。

1925 年 8 月，高志航等人到达法国，被派往莫拉诺高等航
空学校学习。他除了吃饭、睡觉，其他时间几乎都用在训练场
上。锻炼身体，提高身体素质；熟悉飞机原理，琢磨飞行技
巧。在他的刻苦努力下，他成为同批学员中的佼佼者。1926
年，他和其他同学又转入马赛附近的伊斯特陆军航空学校学习
军事航空。在这儿，高志航主修驱逐机专科，毕业后授军士军
衔，被派往南锡的法国陆军航空队第 23 驱逐团见习。

▲ 高志航（前排右二）和留法莫拉诺航校同学合影

1927 年 1 月，19 岁的高志航以优异的成绩学成回国，被张学良任命为东北航空处飞鹰队少校（陆军衔）驾驶员。两年后，他调往东北航空教育班，任少校教官。一天，他驾驶一架驱逐机作飞行示范，做一个危险动作时，因机械发生故障，飞机快速下降，高志航没有慌张，尽力使飞机减速，避免了机毁人亡的后果，但是由于下降太快，不幸右腿折断。学校为他请一位日本医生治疗，医生很不负责，连碎骨头都没有清除就将腿接上了，两个多月后，伤腿不仅没有好转，反而肿痛不已，并且出现肌肉萎缩。他的妻子见情形不对，遂将日本医生辞退，另请一位在哈尔滨的犹太医生给他疗伤，腿伤虽被治好了，但是伤腿比原来短了一些，留下了终生残疾。因为这个缘故，大家都亲热地称他"瘸子飞行员"。

九一八事变当天，高志航正在家休息。听到枪声后，高志航不顾父亲的劝阻就要赶回学校。在路上，他被日本浪人拦阻。他们恶狠狠地对高志航说："已经事变了，严惩支那。"高志航只好返回家中，外面传来的消息越来越坏，他认定沈阳将不保，航校也无法存在下去，他不愿被日本人控制，在他们的占领下生活。慎重考虑之后，他决定南下。虽然家中有白发双亲，有尚年幼的弟妹和爱妻，但他已顾不了这么多，他要逃离日本人控制的沈阳，寻找报国之途。

1931 年 9 月 19 日，高志航化装出了沈阳城。到了北平，高志航打听到自己的同学邢铲非在南京航空署供职，便又赶往南京。到了南京后，在同学的介绍下，他被分到中央航空署所属的航空队任职。"一·二八"事变时，他随战友们飞赴上海作战，但没想到飞机起飞后出现故障，高志航再次受伤。伤愈后，他被派往杭州笕桥中央航校高级班受训，结业后他因东北军身份受到排挤，只能做一名无单独飞行资格的空军少尉见习。

▲1934 年，高志航与时任上海市长的吴铁城
合影留念。

　　高志航不仅精心训练学员，还苦心琢磨技术，飞行水平不断提高。通过刻苦自修，他很快掌握了堪称国际一流的飞行绝技，能做到夜里不开灯也可以起飞，在天空可以倒飞、翻滚，空中打靶百发百中。1936 年 10 月 31 日，蒋介石 50 华诞大庆，航委会在南京举行了一次有英、德、意等国空军参加的空战技术和飞行特技表演。留守在杭州的高志航闻讯后，主动驾机前往。他将平时练就的飞行特技向在场的官员和飞行员表演了一番，博得场上各路嘉宾的阵阵喝彩，亦使几支欲争高下的外国特技队相形见绌。表演结束后，蒋介石对他的高超技术赞不绝口，询问了高志航的名字，兴奋地对他说："你的技术高超，超过世界水平！"并把自己的"窗天"号座机送给高志航作为奖励。消息通过国内外媒体传了出去，从此，高志航的名字在军中几乎人人皆知。

　　1935 年 9 月，高志航奉国民政府之命去意大利考察空军，并购买战机。其间应邀表演他的飞行绝技，深受称赞并因此受到墨索里尼的召见。看到他的表演，墨索里尼惊呆了，连连称赞他"了不起"，并说："像高志航这样出色的飞行员，在意大利也只有一两个！"

回国后，国民政府组建了五个飞行大队，高志航被任命为空军教导总队副总队长，协助总队长毛邦初工作。抗日战争爆发前夕，他升任空军第四大队大队长，著名飞行员乐以琴、李桂丹、郑少愚、董明德、刘志汉、罗英德、刘粹刚等都是他的部下，也是他培养出的优秀飞行员。

1937年7月7日，日本侵略者发动卢沟桥事变，抗日战争全面爆发。当时，中国空军的大部分飞机集中在南昌。7月底，为防止日军突破连云港，攻陷中原，打下武汉，切断后方资源及退路，高志航所在的空军第四大队于7月中旬率队奉命北上，进驻河南周家口机场待命，准备参加华北对日抗战。8月上旬淞沪会战爆发，13日中午大队接到航委会命令，全队紧急转场华东，以杭州笕桥机场为前进基地。

位于杭州东郊的笕桥机场，虽然是优秀飞行员的培训摇篮，但条件极其简陋，跑道既窄且短，没有指挥塔，也没有无线电通话机，飞机起降仅靠红白两色"T"字形布板指示。8月14日早饭后，时任第四航空大队大队长的高志航飞往南京开会，行前指示空军第二十一中队队长李桂丹率二十一、二十二、二十三各中队按命令提前行动。当日杭州阴云密布，细雨霏霏。下午1时，李桂丹中队长率二十一中队九架飞机离开周家口机场，接着，第二十二、二十三两个中队也先后起飞。刚到笕桥机场，正待停机加油，突然，机场总站长在机坪上摇着旗，连声喊着"警报"，敌人的18架王牌重型轰炸机正向笕桥机场窜来。

此时，高志航刚从南京到达笕桥，收到日机空袭情报，他当即用喊话、手势命令正在降落的二十一、二十三中队队员再次起飞。二十一中队一半起飞警戒，一半加油待命出击。同时，命机场总站长指示后到的两个中队利用最后一点余油留在空中截击敌机。随后，高志航登上二十三中队一队员的飞机，升空指挥。刹那间，一场激战在笕桥上空展开。

▲笕桥中央航空学校的誓言：我们的身体飞机和炸弹，当与敌人兵舰阵地同归于尽！

天空中的阴云越积越厚，雨越下越大，高志航率领飞行员们隐蔽在云层里。他们驾驶的都是霍克-Ⅲ战斗轰炸机，风挡只有一半，雨水直往机舱里灌，但此时谁也顾不上这些。

来犯的是日本空军鹿屋航空队，目标是轰炸笕桥机场。但是大雨和厚积的乌云使他们找不到目标，只能低空飞行搜索，因而队形也变乱了。一架敌机好不容易发现了笕桥机场，正欲投弹，即被高志航等人发现，他率先单机冲空而下，对准敌机一阵猛烈扫射。敌机拖着长长的黑烟往下落，随着一声巨响，机毁人亡。这是中国空军首次击落日机。战友们见高志航轻易地击落一架敌机，士气大振，他们纷纷对准敌机冲击。日机在被击落了一架后，就已队形大乱，此时，更如无头苍蝇一般在空中乱窜。第四大队的勇士们冒着密集的炮火，在空中上下翻飞，发现目标就紧咬不放，越战越勇，不一会儿，乐以琴、李桂丹、郑少愚等也纷纷传来捷报，在十多分钟的空战中，第四大队共击落日机三架，击伤一架，第四大队仅有一架战斗机轻伤。

中国空军抗战中三比零的光辉战绩（当时的宣传是六比零，实际第四大队在八一四空战中总共击落了三架敌机），使举国震惊，它一举打破了日本空军不可战胜的神话。

▲高志航在笕桥空战的座机

当高志航等停好飞机，走出机场时，欢呼雀跃的人群立即涌了上来，他们把高志航高高举起，抬着前进。从此，高志航声名远扬，被誉为"天神"，空军第四大队也声名大振。为了纪念八一四的胜利，1939 年 9 月国民政府将这一天定为空军节。[1]

---

[1] 施宇、徐宏编：《抗日战争中的爱国将领》，中央文献出版社 2005 年版，第311 页。

日本侵华空军首战失败后，谋划了更大的军事行动。8月15日清晨，日军海军航空队第二航空战队派出34架轰炸机，从"加贺"号航母上起飞，分批袭击杭州。四大队起飞21架迎击，将敌首批9架九六式轰炸机拦截在钱塘江上空。又一场恶战开始了。高志航驱动战机，一阵猛烈射击，又是他首先击落一架敌机！正当他向另一个目标迎击时，左臂为流弹击中，他带伤将座机驶回机场。这一天，第四大队共击落敌机10多架，其中分队长乐以琴一人就击落敌机4架，使日军胆战心惊，以至于后来敌机一见到乐以琴驾驶的飞机就避而不战。

高志航受伤后到南京广慈医院接受治疗，杭州各界纷纷过来慰问。时任中华民国军事委员会委员长的蒋介石特地召见了他，并题"吾以为荣"送给他，责令将其送到相对安全的汉口治疗，后又被送到庐山养伤。高志航无心养伤，10月，伤未痊愈，他就奔赴南京大校场，执行保卫南京的任务。出院后，他被晋升为空军驱逐机上校司令，专责南京防空任务，指挥第三、四、五3个航空大队，并兼任第四航空大队大队长。第四航空大队亦被命名为"志航大队"。

▲高志航在空战中受伤住院

　　中国的飞机越战越少，与日本空军相比处于劣势。高志航率队保卫南京领空，避免与日机硬打硬拼，而是以机智取胜。10 月，日机夜袭南京时，他接到警报后，令机场和南京灯光全部熄灭，甚至开放事先准备的假机场，使日军找不到目标。高志航率队埋伏在高空，当日机返航时进行袭击，打得日机措手不及，损失惨重。中国空军在南京上空共击落 17 架日机。当时的报刊几乎天天都有高志航的名字，大家都在传颂着他的事迹。

　　1937 年 11 月，高志航奉命赴兰州接受苏联援助的一批飞机。15 日，根据上级命令，他率援助的 13 架战机进驻河南周家口机场。高志航等抵达周家口后，连续多天阴雨，跑道泥泞，飞机无法升空。21 日早晨，高志航正在吃早饭，突闻日机来袭，他立即命令飞行员登机，自己也向飞机奔去。但是情报来得太晚了，日军敌机已飞临机场上空，开始投弹。在日机的俯冲轰炸下，刚进入机舱的他还没来得及升空，就被早有准备的日军战机投下的炮弹击中而殉国，同时殉国的还有第四航空大队机械长冯干卿、到机场送饭的伙夫郭万泰等六人。

　　高志航牺牲时年仅 30 岁，在牺牲的那一刻他的双手还紧紧握着飞机的操纵杆。虽然他很年轻，却赢得了无数人的崇敬和爱戴。在他的追悼大会上，成千上万的人向他致哀、告别。国民政府和军委会追授高志航为空军特级英雄、空军少将。在汉口商务会大礼堂举行的追悼会上，蒋介石亲自主持，并敬献花圈致哀，上书："高志航英雄殉国，死之伟大，生之有威，永垂千古。"1993 年，92 岁的张学良为这位东北同乡、当年的部下题词："东北飞鹰，空军战魂。"

范筑先：

裂眦北视，决不南渡

1938 年 11 月 15 日，原山东省第六区行政督察专员兼游击司令范筑先在抗击日军进攻聊城时壮烈殉国，终年 58 岁。消息传出后，各界人士对这位老人无不怀念与敬佩。是他，在日军向南逼进，韩复榘等军政官员纷纷不战而逃的时候，决不后撤，宣言"我的坟墓就在鲁西北"；又是他，组织抗日队伍，坚持在鲁西北抗战，直至牺牲在沙场。他的精诚报国，他的正直无私已成为时代的楷模。著名学者、新文化运动主将之一傅斯年惊闻范筑先以身殉国，不胜哀悼，破例写了四首旧体诗，寄托哀思，其中的一首是这样的：

> 立国有大本，亮节与忠贞，
> 三齐多义士，此道今不倾。
> 一死泰山重，再战浊济清，
> 英英父子业，百世堪仪刑。

范筑先，原名金标，又名夺魁，字竹仙。1881 年 12 月 12 日出生于山东省馆陶县（1956 年改属河北省）南彦寺村一个贫苦农民家庭。父亲范廷云，母亲胡氏。范筑先在三个孩子中排行老大。范筑先从小受到严格家教，又受到父亲倔强气质的影响，从小就有一股犟劲儿。六七岁时，为了减轻父母的负担，他边拾柴边挖菜，有时还随父母下地劳作。9 岁入村里集资兴办的义学读书，深受义学先生张文彬的赏识，张先生因为他每次考试都名列前茅，便给他起了一个名字叫"夺魁"。13 岁时父亲病故，范筑先辍学务农，肩负起四口之家的家庭重担。为维持家庭生计，18 岁时，他又做脚夫，奔波于临清、聊城一带（鲁西、冀南一带），经常是起五更、打黄昏，推独轮车为地主运粮，天天往返百里，以吃苦耐劳、憨厚倔强闻名乡里。平时范筑先还利用阴雨天的闲暇时间，看书学习，学问日益长进。

1904 年卫河决口，大片农田被淹，位于卫河西边十几里的南彦寺村遭受严重水灾，颗粒无收，范筑先的家境更为艰难。适值清政府扩编新军，到灾区招募兵员，范筑先报名参军，在北洋陆军第四镇炮兵营当备补兵，不久升为副兵。由于他为人豪爽正直，乐施好义，加上聪慧好学，又有一定的文化水平，很受上级的赏识，很快被选拔入北洋陆军第四镇随

▲范筑先

营学校深造，回部队提升为正目。接着被调入天津北洋陆军讲武堂炮兵科再次学习深造，结业后回队提升为哨官。在从军的几年中，范筑先深感民族危机严重，清政府腐败无能，丧权辱国，认清了北洋军的本质就是清政府的御用工具，是镇压人民的屠夫。范筑先逐渐萌发民主主义革命思想，拥护辛亥革命，拥护中华民国的成立。1912 年，北洋陆军第四镇改为中央陆

军第四军，范筑先被提升为炮兵连长，进驻防马厂一段。1913年"二次革命"失败后，范筑先随中央陆军第四军离开马厂，进驻沪杭铁路沿线一带，逐步升任炮兵营长、补充团团长、师参谋长、陆军第八旅旅长等职。

1934年，在直系军阀和皖系军阀混战中，范筑先所在第四师隶属皖系卢永祥，因此他也参加了这次斗争。由于直系军阀孙传芳偷袭了卢永祥的后路，10月13日，卢永祥战败，逃亡日本。孙传芳打算吞并卢永祥部，收编第四师。作为卢永祥部下，范筑先亲身经历军阀混战，对此深恶痛绝，决定辞去第八旅旅长的职务，回乡隐居。他把军中公积金发给士兵后，遣散部队，遂回家务农，改名"竹仙"，隐居上海。

1926年，国民革命军正式出师北伐，范筑先异常振奋。在同乡时任冯玉祥部下第十三军军长张维玺的邀请下，毅然复出，参加了冯玉祥部，被任命为高级参议、汉中镇守使署参赞。他还将自己隐居时所用的名字"竹仙"改为"筑先"，取意"筑路先锋"，后一直采用范筑先的名字。他跟随冯玉祥、张维玺参加北伐，由于他既善于参赞军机，又勇于冲锋陷阵，在北伐战争中打了不少胜仗。中原大战中，阎锡山、冯玉祥失败，范筑先离开军队，与张维玺一起避居天津。1931年回山东，经张维玺介绍出任韩复榘第三路军少将参议，因在对待黄石山惨案一事上与国民党师长展书堂、旅长运其昌意见不同，1932年5月，返回济南第三路军指挥部任军法处处长。在任上他生活简朴、关心民众，深得当地百姓的爱戴和尊敬。1933年11月，任山东省临沂县县长。到任后，以身作则，廉洁奉公，凡要下属办的事，自己首先做到，平时衣着简朴，布鞋便袜，粗茶淡饭，不抽烟、不喝酒、不饮茶。后又任沂水县县长。1933年，因不满韩复榘部在沂水残杀大刀会众，愤而辞职。11 月复出，再任临沂县县长。

1936 年 7 月，范筑先调离临沂县，全城民众夹道相送，沿街摆了许多桌子，桌上铺红纸，置明镜一面，清水一盆，以寓范筑先主持县政明镜高悬，清廉如水。范筑先每走几步，即对相送人群拱手致谢，许多人泪流满面或啜泣成声。直至中午，范筑先一行才走出长街。11 月，范筑先升任山东省第六区行政督察专员、保安司令兼聊城县长。

▲日军占领德州后沿津浦铁路南进

1937 年 10 月，日军进犯黄河北岸，占领德州，又继续南进，聊城告急。山东省政府主席韩复榘为保全实力，不肯抵抗而率军南逃，并且电令黄河以北的专员、县长一律率部渡河集中撤退。范筑先临危受命，担任山东省第六区游击司令长官，肩负起鲁西北抗日斗争的重任。接到韩复榘的命令后，他率第六区军政人员退到黄河北岸的齐河官庄渡口观望。在共产党员姚第鸿、张维翰等人的建议下，他在齐河官庄召集部属会议，决心班师回聊城。他说："大敌当前，我们守土有责，不抵抗就撤走，何颜以对全国父老？我决心留在黄河以北守土抗战，愿随我回去的就留下，不愿回去的就渡河南退，决不勉强。"他随即给韩复榘打了电话，表示坚决回聊城。10月21日，范筑先率部重返聊城。为激励部下，他表示，国家兴亡，匹夫有责。大家要效法历史上的民族英雄，力挽危澜，救民水火。要誓死守土，抗战到底！不论何党何派，抗战者一律欢迎；不抗战者，即我亲兄弟亦所不容！10月底，日军进逼黄河北岸。韩复榘第二次命令范筑先撤退到黄河以南。范筑先再次拒绝，他决心留在鲁西北，坚持鲁西北抗战，誓死不渡黄河。11月19日，他在博平韩官屯发电通告全国，表明了死守鲁西北的决心：

概自倭奴入寇，陷我华北，铁蹄所至，版图变色。

现我大军南渡，黄河以北坐待沉沦，哀我民众胥陷水火，午夜彷徨，泣血椎心。职忝督是区，守土有责，裂眦北视，决不南渡。誓率我游击健儿及武装民众，以与倭奴相周旋。成败利钝，在所不计，鞠躬尽瘁，亦所不惜。惟望饷项械弹，时与接济。俾能抗战到底，全其愚忠。引领南望，不胜翘企。

通电发表后，在全国引起很大震动，极大鼓舞了鲁西北民众的抗日热情，先后建起了30多个抗日政权。12月，济南沦陷，鲁西北的各级政权土崩瓦解，土匪蜂起，民团纷纷筑寨据守，散兵游勇到处骚扰。范筑先部下仅有一个保安营，为壮大抗日力量，他不辞辛苦，甘冒风险，到各溃兵和土匪的部队去做说服工作。仅用半年时间，他就收编了包括国民党溃兵齐子修部、以韩春河为司令的冠县土匪武装等土匪和地方民团20股力量，成立了35个支队、三路民兵，6万余人。

▲范筑先组织的抗日武装

　　这些散兵游勇、山林武装被收编后，范筑先十分注意对他们的改造，在各部队普遍建立政治工作制度，还经常派人到八路军第129师冀南军区所在地南宫进行参观学习，使他们早日走上抗日正轨。

　　为坚持抗战，在共产党的帮助下，范筑先在黄河北岸津浦路以西，平汉路以东的黄河三角地带，领导建立了鲁西北抗日根据地，成立了包括聊城、莘县、范县、冠县在内的20多个抗日政府，任命了一大批共产党员和进步人士担任县长。他设立军事培训班、政治干部学校、军事教育团以培养军事干部，充实抗日阵线。他还建立了相当规模的印刷厂，创办四开铅印的《抗战日报》作为喉舌，并创办了大型理论与文艺刊物《战地文化》和通俗读物《战线》等期刊。为补给军需，还设立了修械，被服，步枪、手榴弹、地雷等制造工厂。在军事上，除保全了山东省第六区所辖的12县领土与政权的完整外，还曾收复了高唐、临清、夏津、清平、馆陶、武城、恩县、邱县以及黄河东岸的东阿、东平、平阴等 11 个县城，使鲁西北成为坚强的抗日堡垒。从 1937 年 11 月到 1938 年 9 月近一年的时间里，他指挥大小战斗近百次，沉重打击了日军，使鲁西北抗日根据地得到巩固和发展，当时曾有"山东红了半边天"的说法。

1938 年 3 月，千余名日军由济南猛攻濮阳，在制造了"濮县惨案"后，又进占范县，烧杀抢掠。范筑先率部杀敌，辛劳征战，虽已年过花甲，但每战必身先士卒，带头冲锋杀敌，打退了日军对范县的两次进攻。战斗中，敌人的炮弹几度落在他周围，他仍从容屹立，沉着指挥。

3 月下旬，日军土肥原师团由濮县渡过黄河后，留下了一部分兵力守护濮县至濮阳的交通线和黄河渡口。为了牵制济南的日军增援武汉，范筑先调集 6000 余兵力，围攻濮县之敌，先后在濮县葛楼以南、濮县城东北七里营歼灭敌人百余名，缴获一大批战利品。7 月，范筑先又率部在东阿县黄庄设伏阻击日军运输队，共毙伤日军数十人，生俘一人，击毁敌人汽车 30 余辆，缴获满载大米的汽车 13 辆。

1938 年 7 月，日军开始进攻武汉。鲁西北部队承担了攻击济南、破坏济南至德州铁路的任务。8 月，范筑先部署济南战役。范筑先率部烧毁日军飞机、颠覆日军军车，并将洛口至德州的铁路全部破坏，使敌人的交通陷于瘫痪。济南战役在当时产生了浩大的声势。也就是在这次战役中，范筑先的次子、青年抗日挺进大队长范树民壮烈殉国，他率领的其他 20 位挺进队队员也英勇牺牲。噩耗传来，范筑先心如刀绞，但他仍镇定慰问部队，鼓励挺进队队员们继续战斗。他说："抗日是长期的，不流血牺牲，怎能换来胜利呢？我们要以生命来保卫我们

▲1938 年 6 月，范筑先（前中）到河北省威县与八
路军第 129 师徐先前副师长（前左一）会晤，受
到军民的热烈欢迎。

的祖国和子孙后代不当亡国奴。"当时，全军上下皆为悲痛，
各方慰唁纷至，范筑先反谓"男儿殉国，死得其所"，他曾在
聊城《抗战日报》上刊登鸣谢启事，说范树民"为国捐躯，
系属军人光荣，乃承各方函电慰问，弥深感激，马革裹尸，男
儿应具夙愿，既获疆场殉国，死后何憾！"儿子牺牲后，为表
示与日寇血战到底的决心，他把仅有 20 岁的二女儿范树琨任
命为挺进大队队长，表现了忠于民族，誓死抗日救国的爱国
精神。①

中共山东省委书记黎玉和八路军派往山东的同志，由延安
到鲁南，途经聊城向范筑先转交了毛泽东给他的亲笔信，信中

① 梁星亮：《宁死不屈中华魂——记鲁西北抗日民族英雄范筑先》，载黄涛、史
立成、毛国强编著：《中国共产党抗日英雄传》，解放军出版社 2005 年版，第 204 页。

对范筑先与共产党真诚合作，坚持敌后抗战给予了高度的评价和赞扬。1938 年 10 月，范筑先主持召开了鲁西北军政联席会议，通过了《鲁西北抗战行动纲领》《战时经济政策》和《整军方案》等文件，作为鲁西北地区的施政准则。①

武汉失守后，日军开始对华北各抗日根据地进行残酷的"扫荡"，鲁西北自然成为敌人的眼中钉。1938 年 11 月 14 日，日军千叶联队在飞机、汽车、坦克配合下，将范筑先部 600 余人包围在聊城。范筑先率部应战，打退日军多次进攻。日军不断增援，到 14 日正午时分，日军已将聊城三面包围，强行攻城。面对敌人的强烈攻势，范筑先没有退缩，仍指挥卫队营、游击营、手枪连等部队在城中坚守。

15 日拂晓，范筑先将司令部转移到光岳楼下，指挥部队四门防守，此时攻城日军增至 700 余人。担任西门城防的是聊城县县长郑佐衡、经理处长崔芳德、军法处长刘佩之；担任南门城防的是秘书主任赵玉坡、参议张郁光；担任北门城防的是卫队营营长陆子衡，政治部副主任姚第鸿；游击营营长林金堂骑着马在城里指挥布置巷战。日军爬城，守兵用大刀、手榴弹与敌人殊死拼杀，终因炮火太猛烈，北、西、南三门被敌人冲破，城上守卫的官兵全部殉国。

范筑先率健卒百余人在东门督战，打退日军三次进攻。战斗中范筑先左臂被炮弹炸伤，上午 9 时，日军用大炮射击，东门被轰开后，日军蜂拥入城。范筑先从东城门退至光岳楼下，继续同日军展开血战。在日军飞机扫射时，范筑先的左腿骨被打断，被送往天主教堂医院，在去往医院的路上不幸牺牲，时

---

① 穆成林编著：《开国元勋眼中的抗日英烈》，中共党史出版社 2005 年版，第 39 页。

年58岁。在这次聊城保卫战中，范筑先将军和共产党员张郁光、姚第鸿及城防副司令郑佐衡、警察局局长林金堂等守城健儿700余人壮烈殉国。

范筑先将军壮烈殉国的消息传出后，举国痛悼，全国许多地方举行了追悼大会。1938年11月20日，中国共产党在延安为范筑先举行了追悼大会。12月13日，重庆举行追悼大会，朱德、彭德怀、吴玉章、董必武以及蒋介石分别送了挽联。其中，吴玉章、董必武的挽联生动地概括了他的勋绩和精神：

三友见精神，松体道，竹身直，梅花亦自清高，格高气苍，直到岁寒全晚节；

一门尽忠义，夫殉职，妻卫民，子女都称勇武，顽廉懦立，共纾国难绍遗风。

国民政府还"特令褒扬"，通令全国下半旗三天。1953年清明节，聊城党政军民举行隆重的移灵仪式，将范筑先及其次子范树民的遗骸移葬于邯郸市晋察冀烈士陵园。

▲吴玉章、董必武写给范筑先的挽联

马耀南：

书生奋起黑铁山

　　"哀莫大于心死，苦莫大于国亡。"强烈的民族意识是中国历史上许多志士仁人甘心舍弃自己的财产、幸福甚至生命，为国报效的动力。日本军队的入侵，祖国河山的沦陷使许多文弱的知识分子投笔从戎，拿起武器奔赴沙场。在整个抗日战争时期，这种情况，这样的人难以计数。马耀南便是其中的一个。

　　马耀南，名方晟，字耀南，1902 年 7 月 10 日出生于山东长山县北旺庄（今淄博市周村区张坊乡北旺庄）。马耀南父亲略通文墨，为人厚道、谨慎，生三子耀南、晓云、天民，耀南居长。后来三兄弟都参加了抗日，马耀南是八路军三洞纵队第三支队支队长，二弟马晓云是渤海军区第六军分区副司令员，三弟马天民是山东人民抗日联军独二师一支队支队长。当时流传于山东省长山县的民谣："一马三司令，得了抗日'病'，齐心打日本，解

▲马耀南

救老百姓。"歌谣所歌唱的就是马氏三兄弟。

7岁时，马耀南入私塾，13岁转入新式学堂周村高等小学，18岁，考入济南省立第一中学。在济南一中时，他性格内向，文质彬彬，但对学生运动却怀着火一样的热情。

1921年，日本人在胶济线无理殴打中国人，还在周村、济南一带贩卖大烟，而当时的军阀政府却不敢管。在济南一中的推动下，济南学校学生联合向省府请愿，马耀南就是积极的推动者之一。而后，学校罢课，举行抗议示威，开展抵制日货运动，马耀南慷慨激昂地登台讲演，从早到晚，直讲得口干舌燥，他还带领进步同学到商埠一带查封日货，东奔西跑地忙个不停，被同学们称为学生运动的"疯子"。

1924年，马耀南中学毕业后，考入天津北洋大学，攻读机械工程学。在大学里，马耀南受孙中山"联俄、联共，扶助农工"政策的鼓舞，满怀激情地参加了国民党。在学校，他被选为北洋大学学生联合会和天津市学生联合会的负责人，是北洋大学学生领袖之一。在政界，他是国民党天津市党部的领导成员。1928年济南惨案后，他倡导创办五三工厂，以唤醒国人。1929年、1930年天津的工人罢工，他是领导人之一。

1929年3月，马耀南以天津国民党代表身份去南京参加国民党三大。会上，一些党政要员贿赂"代表"，争选"中委"，他极为愤慨，中途离席返回。1930年，马耀南以优异的成绩毕业，获得学士学位。但因参加倒蒋活动，被国民党开除党籍，并遭通缉。于是，他决定摒弃国民党，走"教育救国"的道路，先到河北省永清县中学当一名普通教员，继而去江苏南通一所私立大学任教。1933年，应山东长山县众乡绅之请，马耀南辞去南通教职，返回故乡，任长山中学校长。

1937年卢沟桥事变后，马耀南号召学生们积极锻炼，准备

▲山东省立长山中学旧照

参加战争。学校办起了一份《抗敌情报》，从《大公报》上摘录各地新闻，向全县人民发公开信，宣传抗日，告诫人们注意预防敌人的空袭，并以师生为骨干，组成抗日宣传队，分赴各村进行抗日宣传。八一三抗战振奋了爱国的中国人精神。马耀南在 8 月 15 日的日记中写道："上海炮火异常凶猛，全国已入血战状态，自顾尚在此安逸消闲，能不愧死！自即日起，应特别振奋，求有所报命国家，获取较大代价之牺牲，方不愧生此世间。" 8 月 28 日又写道："此时不便只身避难，只好不顾一切进行民众武力之促成，任何困难，准备忍耐下去。"他看到国土沦丧，民众倒悬，毅然投笔从戎参加了革命。

　　1937 年 9 月下旬，中共地下党员、北平师范大学学生、原长山中学附小教员林一山在去胶东途中看望老校长。马耀南和林一山是老相识，林一山又有平津流亡学生会的身份，二人相谈甚欢。林一山对马耀南提出的关于敌后抗战中的种种问题，根据中共中央的主张一一作了明确的回答。马耀南听后大为高兴，要留下林一山与之共商长山一带的抗战大计。当得知林一山还要去胶东执行任务无法留下时，他便恳切希望林一山介绍他去济南，要求平津流亡学生会派人到长山中学来和他共同策划和准备长山一带的抗敌斗争。经林一山介绍，马耀南加入了中华民族解放先锋队，同中共山东省委取得了联系。在济南，平津流亡学生会负责人孙陶林，受中共山东省委委托与马耀南会面，并答应了马耀南的要求。中共山东省委随即决定派姚仲明前往，并安排他在济南青年会与马耀南会面。中共山东省委得知马耀南的抗日热情后，在制订抗日武装起义计划时，将长山中学作为重要据点，成立中共长山中学特别党小组，直属省委领导，一批中共党员被派往学校担任教员，培养训练抗日干部，组织发动长山地区民众抗日。

马耀南一介书生，为着抗日的事业摸索、寻求，最后得到了中国共产党的帮助。他对抗战充满了信心，他说："今后有了靠山，有了领导，对从事敌后抗战看到了曙光。"随后，马耀南等人在长山县开展了一系列活动：组织全县抗敌后援会，募款劳军。以区为单位，派学生下乡宣传，发动民众。成立教学研究会，发动中小学教员以切磋学问为名，进行抗日教育，发展"民先"队员。开办游击战术训练班，以举办民众夜校的名义，召集邹平、长山、桓台一带进步青年进行军事训练，开展对全县各种武装的政治教育。他还以教学改革的名义对课程进行调整，大量充实抗战救国的内容，同时又以办民众夜校的名义开办游击干部训练班，由共产党人讲授军事、政治课。其中不少人成为武装起义的骨干和附近各县的抗日积极分子。此时，山东省教育厅早已命令中等以上学校一律南迁。马耀南拒绝执行命令，使长山中学得以保存下来。

1937 年 12 月 24 日，长山东关逢集，日军飞机突袭长山

城，无辜群众死伤多人，炸弹落在长山中学和县政府附近，长
山中学的门楼被炸塌。国民党县政府和县武装大队随之南逃，
社会一片混乱。12 月 26 日晚，长山中学的党组织召开紧急会
议，会议决定由中共党员姚仲明、廖容标宣布起义，黑铁山下
的太平庄只有三支破枪、八把大刀的队伍组成"山东人民抗日
救国军"第五军。由马耀南任司令，廖容标任副司令，姚仲明
任政委，赵明新任政治部主任。起义后，马耀南立即回到黑铁
山下，还带来了从家中募集的三支枪、几百元钱。黑铁山起
义，诞生了一支新生的武装力量。开始时，他们人数不多，武
器低劣，生活艰苦。曾有歌谣这样唱道：

> 我们的队伍发源于黑铁山西，
> 煎饼米饭都吃不饱，
> 同志们乐陶陶，
> 吃的是煎饼，铺的是干草，
> 三大纪律一定要做到，
> 人人都说好。

▲长山中学抗日武装

为解决起义队伍缺粮少弹的问题，马耀南利用他的名望在长山九区召集乡绅座谈会，他请求当地乡亲大力支援。他先晓以民族大义，继则带头认捐粮款。乡绅和老百姓很快发动起来，出钱出力。以卫固镇为首的各村，每天都有组织或自发地向五军送给养或粮食。卫固镇的商号还捐募了100大洋。五军的给养供给暂时有了保证。后来，马耀南又将中国银行发行的80万元农村贷款收作抗日经费，很快扭转了部队的困境。

为发展队伍，马耀南去长山区的由家河滩一带，协同马函三工作，很快组成了一支游击队伍。在马耀南的影响下，他的两个弟弟马晓云、马天民也都在长山一区、三区拉起队伍，组织抗日武装。

这支抗日武装建立不久，就首先袭击了长山维持会，随即挥戈西上，在友军配合下，在小清河打了一场漂亮的伏击战，用步枪、土炮袭击日军的汽艇，缴获了不少军用物资，击毙敌人6名。1938年2月，马耀南见邹平日军向外地调动，防守空虚，便和友军配合，一举收复邹平县城，使长山到齐东的抗日区域打通连片。

邹平县城光复后，军司令部进驻城内，进行休整。同时健全司令部，开办军政干部训练班。马耀南在训练班的结业证上题词："不怕流血，不惜流汗，抗战到底，才是好汉。"以此鼓励学员们奋勇杀敌。他们还应当地人民群众和开明人士的请求，在邹平实行民主选举，成立抗日民主政府，选举了邹平开明绅士张东甫为县长。此外，还建立了县区的抗战动员委员会、区公所。①

1938年6月6日，毛泽东和北方局书记刘少奇，给山东省

---

① 曹艺：《抗日民族忠烈魂》，中国民主法制出版社1999年版，第36页。

委发电报："山东的基干武装应组建成支队，恢复和使用八路军游击队的番号。"这样，中共山东省委派红军干部杨国夫到清河地区，打出八路军的旗号，改编第五军。6 月上旬，在邹平城将第五军改编为八路军山东纵队第三支队。马耀南任司令员，杨国夫任副司令，霍士廉任政委，鲍辉任政治部主任。下辖第5、第6、第7、第8、第9五个团。接着，于 7 月上旬将临淄的学生志愿军训练团整编为第 10 团。不久，又改编了章丘县的抗日武装。至此，第三支队人数近万人。8 月，马耀南派出一个加强营协同友军孟昭进部进袭济南，在瓢泼大雨中攻入北关、黄台车站，将从金岭镇到龙山的 400 里铁路全部掀翻，主要桥梁全部炸毁，使济南之敌无暇南顾。

▲1938 年 10 月，八路军山东抗日游击队第三、四、八支队负责人合影。左起：韩明柱、姚仲明、霍士廉、廖容标、马耀南、张文通。

1939 年春天，日军在清河区以"巩固点线、扩大占领面"为方针开始"铁壁合围"，长山、邹平、章丘等县城相继沦入敌手。在占领区，日军的碉堡沟网纵横交错，三支队面临困境。为了扩大根据地，突破重围，马耀南率三支队向小清河北发展。6月初，三支队机关带7团、10团、警卫营、特务团和部分地方武装3000多人在邹平、齐东交界的刘家井一带集结，计划从齐东、济阳打通与冀鲁边的联系。6月6日拂晓，济南日军将领松井调动张店、周村、长山、邹平、桓台、青城等地日伪军6000余人，配以重型大炮、汽车、骑兵等，对三支队进行合击。马耀南和杨国夫等率部与日军激战，毙伤敌人800多人，内有敌大队长以下军官7人。

刘家井大战后，日军寻机报复。马耀南率三支队迂回通过胶济铁路到鲁中山区休整。7月22日，部队进驻桓台县城东北的牛王庄。敌人将村子包围，马耀南、杨国夫指挥部队英勇反击，从早晨一直打到下午两点，决定向东转移。当马耀南一行骑马撤到紧靠牛旺庄东侧的大寨村头时，突遭日军伏兵射击，马耀南中弹身亡，年仅37岁。

▲马耀南牺牲地旧貌

为纪念马耀南司令为国捐躯，中共清河区委于1943年将清河区抗日中学命名为耀南中学。1946年，中共渤海区党委将长山县改名为耀南县。

李林：

甘愿征战血染衣
不平倭寇誓不休

李林是印度尼西亚归侨，八路军女战士，也是第二次世界大战史上唯一的华侨抗日女英雄。1940年4月在山西洪涛山与日军作战时牺牲。她殉国后，《新西北报》发表了社论称赞她："在这伟大的时代中，虽有不少民族女英雄，然而像李林同志深入敌后，指挥武装部队，领导工农群众与敌冲锋陷阵，血肉相拼，以至坚持三年之久，创造了辉煌永远不可磨灭战绩的，恐怕只有李林同志了！尤其是此次在敌人四面包围而来，无法冲出，终不免于一

▲华侨抗日女英雄李林

死的坚强信念下，沉着、英勇、顽强地连毙敌人六名，最后遂毅然以枪膛中最后一粒子弹打死了自己，而免于遭敌辱杀。这种伟大壮举真可动天地而泣鬼神，造成中国民族英雄的最光荣

的典型！"

　　李林1916年出生于福建省闽侯县一个华侨商人家庭，本名秀若，又名小峰。4岁那年跟随经商的父亲前往印度尼西亚爪哇岛，开始海外游子的生活。当时，爪哇和荷属东印度已被葡萄牙和荷兰统治了四个世纪，童年时代的李林因此而有了强烈的民族意识和民族感情。

　　1930年，14岁的李林毅然回到祖国求学。不久，进入著名侨领陈嘉庚创办的集美学校就读。在这里，李林度过了她一生中的黄金时代：她经常读屠格涅夫的小说，憧憬成为一个大文学家；她参加了篮球队、排球队，常常在比赛中载誉而归。1931年，九一八事变爆发，日本侵略者的炮声震惊了全国民众，也打破李林宁静的学习生活。她为民族危机的日益加深而忧虑，开始积极参加抗日救亡活动。她在浙江杭州中学就读期间觉得杭州空气太沉闷，闻不到一点进步的气息，于1935年春转学到上海爱国女中。

　　在爱国女中，李林和她的同伴因太"土"而引人注目。她们不搽胭脂，将头发剪成男式，穿着宽大的大袍，照样在校园里昂首阔步，谈笑自若。十里洋场的上海，给了李林很多东西。她如饥似渴地阅读着在别处不多见的杂志，目睹了各色人等天壤之别的生活。

　　"一·二八"抗战后，日军在上海的气焰日益嚣张，不断寻衅滋事。李林就读的爱国女中距离虹口日本兵营不远，她经常看到荷枪实弹、耀武扬威的日本士兵，甚至在教室里也经常听到日军演习的枪炮声。英勇抗战的十九路军因孤立无援而失败，侵略者横行霸道，这使李林受到了强烈的刺激。她在读《木兰辞》有感的文章中发出了"甘愿征战血染衣，不平倭寇誓不休"的誓言，洋洋洒洒，慷慨激昂。语文老师被她的爱国热情深深地感动了，破例给这篇作文打了 105 分。①

一二九运动中，李林和进步同学一起，领导爱国女中的学生，参加了抗日游行示威活动，到市政府门口请愿，要求一致抗日。1936 年夏，李林还参加了上海大中学生暑期抗日宣传团，沿淞沪杭线到各县城和农村宣传抗日救国。

由于李林积极参加抗日救亡运动，爱国女中校方要开除她。李林便和几个进步同学一起来到北平，后考入北平私立民国大学政治经济系。她在救亡运动中结识了中共地下党员吕光，吕光介绍她参加了中华民族解放先锋队。这正与她的愿望不谋而合，李林格外开心，更积极地投入到抗日救亡运动中。1936 年 12 月 12 日，为抗议国民政府逮捕救国会"七君子"，北平学联组织了规模盛大的游行示威活动，李林在游行中担任民国大学游行队伍的旗手，走在队伍的最前面。反动军警镇压游行队伍，她的头部负伤，但仍将红旗高高擎起，引导大家前进。这次活动后，吕光通知她被吸收成为一名中国共产党党员。

这年年底，李林和许多平津进步学生一起来到山西前线，参加抗日救亡工作。在太原，李林先是参加国民师范军政干部训练委员会，被编进由来自平、津、沪等地学生组成的第十二连，成为了一名女战士。当时她 20 岁，身体健壮，性格开朗、坚强，才识出众又心地坦荡，深得众学员的敬佩。在训练班，李林带头刻苦学习军事技术，担任党的临时组织——特委的宣传委员，兼任女兵连党支部书记。学射击练习瞄准时，她的双肘被磨破结痂，也不吭一声。她虚心向长期坚持地下工作的同

---

① 雷雨：《为国捐躯女英雄——记晋绥军区女英雄李林》，载黄涛、史立成、毛国强编著：《中国共产党抗日英雄传》，解放军出版社 2005 年版，第 124 页。

事学习工作方法，形成了自己细致的工作作风。半年训练结束后，她被分配到牺牲救国同盟会工作。

▲山西牺牲救国同盟会组织起来的山西青年抗敌决死队

　　七七抗战后，李林热血沸腾，再次坚决要求上前线。党组织派李林到临近沦陷区的大同牺盟中心区工作，担任牺盟中心区委会宣传委员，同时参加党的雁北工委的工作。此时，日军正进犯张家口，窥视柴沟堡、天镇和阳高，日机也不断空袭御河桥和大同。在敌人炮火的威胁下，牺盟会大同中心区委的人员担任了宣传、组织群众的任务，李林负责印刷传单。在寂静的黑夜里，她常常用布把窗子堵严，在微弱的烛光下工作，一干就是一通宵。

　　1937 年秋天，大同沦入敌手，中国军队被迫撤退。李林奉命转回太原，但她对雁北地区恋恋不舍。不久机会来了。随着八路军东渡黄河向前线开进，中共晋绥边工委的 30 来名干部也携带电台，从太原向雁北挺进，准备在雁北地区开展抗日游击活动。在雁门关内的阳明堡，李林与山西省委派到雁北的雁北工委书记赵仲池、牺盟雁北游击队司令员梁雷等相遇。在李林的再三请求下，得以再次随队北上，二出雁门关。

他们出关后，就开始组建抗日游击队，在平鲁建立起了雁北抗日游击队第七支队。在偏关，李林和王零余发动群众组成了雁北抗日游击队第八支队，李林任第八支队队长兼政治主任，率部深入敌后与日伪军展开斗争，勇敢坚定，机智灵活，指挥得当，接连获胜。第七和第八两支游击支队在横贯左云、右玉、平鲁等县的洪涛山区发动群众、打击敌人，逐渐形成了一小块抗日根据地。在日伪军攻打偏关县城时，第八支队受挫被打散，李林将失散的游击队员重新聚集起来，再次组成一支队伍，又逐渐发展壮大起来。1938 年 5 月，他们奉命北上，越过长城，挺进到绥远的丰镇、凉城、厂汉营一带，开辟绥南根据地。在一个名叫田成村的小村子，李林率领 30 多名战士组成的突击队身着便衣在村口截击敌人，夺得了伪军的 50 多匹马，10 几支枪，战士们来时是步兵，归时已变成骑兵。以此为基础，八支队改编为八路军 120 师雁北第六支队骑兵营，王零余任营长，李林任教导员。

由于日军的疯狂"扫荡"，绥南一带工作受损。雁北特委决定组织工作团北上，恢复绥南工作，命令骑兵营护送，确保他们完成任务后返回右玉县南山区。李林和骑兵营营长王零余仔细研究，制订了"声东击西"的护送计划，在雁北和绥南之间来回奔走，突破封锁线，攻克敌人据点。由于骑兵营的英勇作战，绥南的工作顺利地完成了。不久，骑兵团护送工作团返回右玉县南山区。在返回途中，李林和王零余率骑兵营顺便袭击平绥线上的红砂坝车站，将鬼子的一个小队打得落花流水。在战场上，李林是一位优秀的战士和指挥员；在地方上，她也是一位突出的宣传员和妇女干部。她耐心地做群众工作，不知疲倦地向他们宣传抗日救国的道理，帮老百姓挑水做饭，问寒问暖，和群众建立了深厚的感情。

在雁北绥南，李林这位南方女子和战友们配合兄弟部队，一次又一次地粉碎了日军的"扫荡"。他们拔据点、抓汉奸，袭击车站，接连取得胜利，声名远扬。日军到处张贴布告，悬赏巨款捉拿李林。贺龙将军称赞她是"我们的女英雄"。这位女英雄在征战中经历了无数艰辛。她自幼习惯于热带气候，塞北的严寒是她面临的第一大问题。寒冷的季节，夜间行军，露宿野外是常事，李林穿着大衣钻进干草窝还冻得抖抖索索。朔风刺骨，她没有袜子，双脚被冻得肤裂血流。李林以前只在动物园里见过马，到雁北后，却要指挥骑兵作战，扬鞭驰骋，马上射击很快就成为她的拿手好戏。

▲决死四纵队暂编第一师部分领导人合影，前排中为李林。

1938 年 9 月，晋绥边区牺盟工作委员会在平鲁成立。120 师政委关向应认为李林长期在艰苦紧张的雁北工作不适宜，提议将她调到晋西北根据地中心地区工作。李林开始不同意，后来服从组织决定，来到平鲁榆岭村，担任边委宣传部部长，并兼管地方武装。当时，边委七八个人管辖全区十几个县，上千个村子，困难很多。李林提议举办干部训练班，就地解决干部问题。她的建议被采纳了，她被任命为干部训练班的主要负责人。从1938年底到1940年初，干训班共举办了四期，先后培训学员200多名，为各县输送了一批抗日骨干，充实了县、区的干部队伍。

在晋绥边区，李林一方面在地方机关负责，另一方面仍未脱离战斗生活。在日军对晋绥边区进行的九次"扫荡"中，她每次都亲临前线，冲锋在前。1939年10月，日伪军2000多人又开始了对晋绥边区的"扫荡"。他们从各个据点出发，将洪涛山周围的几十个村子团团包围，妄想歼灭驻扎在这里的根据地机关和六支队主力。情况十分紧急，李林和边委的屈健、柏玉生等带领边委会政卫连，采取突然袭击敌人后方据点的办法，突破包围圈，一夜之间跑了八九十里地，直奔敌人同蒲铁路线上的岱岳镇据点，攻打火车站和敌军驻地。还在睡梦中的敌人慌忙向大同日军求援。但是铁路已被破坏，大同日军派来的铁甲车进不了站，只得将前去"扫荡"洪涛山区的敌人调回。李林下令撤出战斗，急行40多里，甩开了敌人的尾追，根据地之围也被解除。这次胜利使李林又一次受到鼓舞，她写了《突破敌人第七次围攻》的文章，进行战后总结。她对抗日斗争的胜利充满了信心。

1940年1月，李林参加了晋西北军民代表大会，被选为晋绥边区第十一专署的秘书主任，还负责指导工人、青年、妇女等群众团体工作。随后，她受雁北人民的委托，到兴县参加了晋西北人民代表大会，当选为边区行政公署的行政委员会委员。在行政会议上，李林见到了闻名中外的贺龙师长。贺龙询问了她的身世、战斗经历和在雁北的情况，他说："一个女同志，来自大城市的大学生，能带领骑兵，在长城内外大战日本鬼子，打出了威风，很不简单！"他还征求李林的意见，说晋西北行署想留下她开展妇女工作，问她愿不愿意。李林说："怎样都可以，我服从组织的决定。但从我个人的愿望说，愿意再返前线。"贺龙听后发出爽朗的笑声："好啊，我支持你！"于是，李林又返回了前线，回到了雁北。

1940年4月，日军纠集12000多人，分三路对晋绥边区抗日根据地进行空前规模的"扫荡"。他们的重点目标是位于洪涛山区的吴辛寨。这里驻有晋绥边区的党政领导机关、群众团体，而兵力只有保卫机关的政卫连、警卫连和训练班的学员，总共不过六七百人。敌我力量相差悬殊，且敌人来势凶猛，情况十分危急，专署指挥部决定向平鲁方向突围转移，突围方向选择在敌人兵力较薄弱的平鲁城地区。六支队在前，雁北专署机关居中，李林率骑兵连断后。

4月26日拂晓，突围开始。部队在群山峡谷中前进，李林率领专署政卫连担任后卫，负责掩护。在一个岔路口，先头部队与敌接火，经过短兵相接的血战，部队冲过了封锁线。但队伍中间缺乏作战经验的干训班学员的队伍乱了，未能冲过封锁线，反被敌人阻截。李林当即命令学员就地卧倒，并令政卫连前后掩护。同时指挥后卫部队发起冲锋。但是敌人火力十分猛烈，加上地形不利，剩余部队突围未能成功。李林与其他负责同志商量后，决定掉转方向，引导队伍向西平台村转移。

然而，敌人从北面、南面冲了上来，将西平台村四面围住，部队情势仍是万分危险。危急之中，李林提出："我带骑兵排往东大沟里冲，掩护大部队向南突围！"身边的同志还要劝阻，李林已飞身上马，大喊一声"同志们，跟我来！"带领近百名骑兵战士向东大沟冲杀。

这些勇士们一面冲击，一面射杀。战马掀起冲天的尘土，敌人以为这就是突围的主力,急忙调集南、北方向的兵力向东增援,追赶李林率领的骑兵队伍。趁此机会,被阻截的干训班成员和其他同志迅速翻过南山突围出去,化整为零,各自隐蔽起来。此时,敌人才发觉上了当,但为时已晚,便集中全力围追李林的骑兵队。

面对险恶的环境,李林大声对战士们说:"敌人已把我们团团围住,我们是党和人民的战士,宁死也不投降,决不能玷辱抗日战士这个伟大的称号!"李林率领战士们边还击边撤退,敌人的第一道包围圈被突破。但战士们伤亡严重,而且在敌人的机枪火力下,他们被压在东大沟沿下面,抬不起头来。李林深感情势险恶,恐怕难以突出敌围。她从身上取下文件包,塞在岩石的裂隙里,并用土掩埋严实,对通信员二和子说:"你还小,敌人不会注意你,快沿着这条沟出去。只要碰到老乡,他们会掩护你的。"并嘱咐二和子记住埋文件的地方,等战斗结束后将文件取走交给政委。

二和子走了,李林率领人马向东冲杀,准备从沟口突围,敌人又如潮水般涌来,形成了新的包围圈。李林一边挥着手中的枪,一边高声喊道:"冲啊!冲出沟口就是胜利!"几十人在她的带领下,接连冲过了两道包围圈。密集的子弹又从沟前土崖上射了过来,李林的战马中弹倒地,她身边的两名战士多处负伤,战马也被击中而死。李林和一个战士搀着重伤的战友前行,隐蔽在一个洼地里,利用周围的高坎射击。敌人从四面扑上来,两名战士相继牺牲,李林的腿部和胸部也负了伤。她忍着剧痛,以小土堆作掩护,一手拿驳壳枪,一手拿八音小手枪,同时向敌人射去,打得敌人不敢靠前。敌人越来越多,李林驳壳枪里子弹打光了,八音小手枪里也只剩下了一颗子弹,敌人从四面扑上来,号叫着"抓活的"。李林迅速拆开驳壳枪，把零件扔进周围的草丛里。敌人狂叫着扑向李林。身负重伤的李林忽地站起来，举起小手枪将最后一颗子弹从容地射进了自己的头部。当天夜里，战友刘明声带领一支小分队，从敌人的包围圈里夺回了李林烈士的遗体。

李林牺牲了，时年25岁。那一天是1940年4月26日。

李林牺牲后，雁北人民悲痛异常。郭家窑村的老百姓怀着虔诚的心情，从数里外挑来清水，擦洗烈士的遗体，用珍藏的白粗布仔细包裹好烈士的身躯，庄严地入殓。四邻八村的乡亲们还拿出平日舍不得吃的蒸馍、红枣，以他们纯朴、独有的方式祭奠英灵。李林牺牲时的血衣几经辗转送到了革命圣地延安。

她被安葬在洪涛山边东石湖村的高山脚下——当时雁北敌后抗日游击根据地的中心地区。

张自忠：

忠义之志，壮烈之气

在中国的抗日战争中，1940 年第五战区右翼兵团总指挥兼第三十三集团军总司令张自忠的殉国影响巨大。他的经历曲折多姿，他的牺牲英勇悲壮。他的一生，正如周恩来在他殉国三周年的纪念文章中所指出的那样："张上将是一方面的统帅，他的殉国，影响之大，决非他人可比。张上将的抗战，远起喜峰口，十年回溯，令人深佩他的卓识超群。迫主津政，忍辱待时，张上将殆又为人之所不能为。抗战既起，张上将奋起当先，所向无敌，而临沂一役，更成为台儿庄大捷之序幕；他的英勇坚毅，足为全国军人楷模。而感人最深的，乃是他的殉国一役。每读张上将于渡河前亲致前线将领及冯治安将军的两封遗书，深觉其忠义之志，壮烈之气，真可以为我国抗战军人之魂！"

张自忠，号荩忱，1891 年 8 月 11 日出生于山东省临清县唐家园村的一个巡检家庭。幼年随父在江苏省赣榆县任所读私塾，1908 年入临清高等小学堂就读。1911 年，张自忠考入天津法政学堂，次年转入济南法政专科学校。张自忠虽自幼家庭温裕，但他没有沾染上纨绔子弟的恶习，读书之时，深感清朝

▲张自忠

社会的黑暗，产生了强烈的忧国忧民之情，苦苦探求救国之路。他总觉得习文学法救不了危在旦夕的中国，在1914年秋投笔从戎，毅然同几个富家子弟赴奉天新民屯投奔陆军第20镇（师）39旅87团车震部当兵，先当士兵，后被提升为司务长。后来在湖南岳州，车震部与护国军交战，被击溃，车震解甲归田。

车震见他不怕劳苦，有识有为，1916年将他介绍到冯玉祥的第16混成旅。一次，冯玉祥与他谈话，发现他谈吐与众不同，便让他入初级官长班学习，并擢为班长。不久张自忠入模范连学习军事，毕业后遣升为排长，入教导团深造，升为连长、营长、学兵团团长、冯玉祥总司令部的副官长、第二集团军军官学校校长、开封戒严司令、第25师师长。在十余年的时间里，张自忠转战各地，屡建战功，成为西北军中的一员猛将。

张自忠治军严明、练兵有方，他注重射击、刺杀、投弹等基本军事科目的训练，也注意锻炼部队吃苦耐劳的精神，在训练中做到"夏练三伏，冬练三九"。他还经常对部下进行爱国爱民的教育，要求士兵唱国耻歌、爱民歌。他要求士兵做到的，他自己一定先做到。但在军纪方面，他要求非常严格。对违纪的下属，即使是跟随自己多年的老部下，也毫不留情。因为他常常将"看我扒了你的皮"挂在嘴边。因此，他便有了"张扒皮"这个绰号。当时在西北军中流传一首歌谣："石友三的鞭子，韩复榘的绳，梁冠英的扁担赛如龙，张自忠扒皮真无情。"

张自忠忠诚勇猛，他的字原为"荩臣"，到冯玉祥部后改为"荩忱"。他曾对《大公报》记者这样阐释过自己的名字："'荩忱'即忠臣，如今民国，没有皇帝，我们当兵的，就要精忠报国，竭尽微忱，故名'荩忱'。"张自忠的一生，深得冯玉祥的赏识提拔。对此，张自忠感激不尽。中原大战后，冯玉祥的数十万西北军土崩瓦解，不少将领纷纷倒戈，对冯玉祥避之唯恐不及。张自忠却一直对他忠心耿耿，将冯玉祥视为前辈，尊称为"先生"。

1930 年，冯玉祥与阎锡山联合讨伐蒋介石失败后，冯玉祥的西北军全部被张学良改编。张自忠任改编后成立的宋哲元任军长的第二十九军第 38 师师长。

1933 年，日军占领热河，进驻承德以后，又调集两万余人，进逼长城各隘口，企图突破长城防线，一举进占华北。当时，驻守长城各隘口的是宋哲元领导的二十九军。作为 38 师师长张自忠被派往前线做前敌总指挥。3 月初，日本关东军以铃木、腹部两旅团为主力组成的步、骑、炮联合纵队 10000 多人，由热河、平泉向喜峰口进犯。二十九军与敌连续激战七昼夜，采取近战、夜袭战术，用大刀、手榴弹等落后装备，与敌

▲二十九军严密防守喜峰口

反复冲击，迫使敌人狼狈逃窜，二十九军又乘胜追杀 60 余里。喜峰口之战，毙伤敌人近 3000 人，缴获大炮 18 门。紧接着，日军 10000 多人又向半壁山、罗文峪进攻，企图摧毁二十九军设于遵化的指挥中枢。张自忠即令两个团急援罗文峪，并亲率 38 师直属部队及手枪营到第一线督战。张自忠组织队伍夺取山楂峪左侧高地，经几小时激烈冲杀，将高地占领。3 月 18 日，宋哲元、张自忠指挥二十九军全线出击，三个师密切协同，一鼓作气将敌击溃。此战毙伤日军近千名，缴获许多弹药武器。

喜峰口、罗文峪作战，史称长城抗战。张自忠和二十九军将士浴血奋战，这是九一八事变以后北方战场我军的首次胜利。我军以劣势装备打败了骄横不可一世的日军精锐部队，在抗战史上写下了光辉的一页，极大鼓舞了全国军民反抗侵略的斗志。张自忠也成为一名威震中外的抗日名将。

▲在长城抗战中冲锋的二十九军士兵

　　由于国民党政府坚持对日妥协政策，长城抗战最终以签订丧权辱国的"塘沽协定"而告终。二十九军被迫撤离长城各隘口，至通县附近集结。二十九军在长城各隘口与日军对战三个月之久，被当地老百姓视为倚靠。1933年8月，宋哲元任察哈尔省主席，二十九军开赴察哈尔。张自忠的38师驻防宣化、怀来一带。1934年冬，热河日伪军不时挑衅，有明显进犯察东的迹象，张自忠令112旅黄维纲部由怀来雕鹗堡向龙关、赤城、龙门所推进，防止日军进犯。1935年1月，日军飞机向龙关、赤城一带频繁侦察，并投弹轰炸。1月15日，黑河汛日军司令森一郎还对我军提出"警告"，要112旅从龙门所撤军。对此，张自忠指示："龙门所系察东门户，决不能后退一步，并应加强守备力量。"并令黄维纲作好战斗准备。1月16日，日军2000余人在飞机配合下向龙门所发起猛烈进攻。张自忠率部沉着应战，经三日激战，打退敌人多次进攻，毙伤敌人约七八百人。后经国民党北平军分会与日方交涉，日军才借口察东事件是"误会"，商定撤回原防。这次察东拒敌，是张自忠将军继长城抗战后，在华北的又一次英勇壮举。

1935 年 11 月，张自忠被任命为察哈尔省政府主席。1936 年 5 月，调任天津市长。当时，华北已逐渐"特殊化"，日本侵略者虎视眈眈，国民政府尚未作好抗战准备，仍处于妥协退让的阶段。作为地方长官，张自忠一方面对日本人不卑不亢，不屈服于侵略者的压力；另一方面也不意气鲁莽从事，而是有理有节地与日方周旋，坚定自若地辅佐宋哲元，对内整顿军队，对外与敌斗智，力撑华北危局。1936 年 10 月，日本丰台驻军与中国军队发生冲突，日方将中国军队包围，战事一触即发。张自忠奉令与天津日本驻屯军司令官交涉。日方军官为迫使中方屈服退让，威胁张自忠说："刻下形势严重，要赶快设法制止，否则便要开火。"张自忠从容沉着地对以"国家养兵，原为打仗"八个字。日方无奈，也不敢妄动。

张自忠主政察哈尔和天津以后，局势并未好转。张自忠面对这种危局和自己的艰难处境，心情十分苦恼。他曾写信给部将李致远旅长，说："兄实不才，任津市，实在干不了，觉着苦地（得）很，尤其是精神上更苦到万分。"

卢沟桥事变爆发后，日军又在廊坊、广安门等地挑衅，并进犯南苑。二十九军奋起抵抗，副军长佟麟阁、赵登禹相继阵亡。7 月 28 日，宋哲元在北平召集最高军事会议，决定二十九军撤离平津至保定一线。张自忠则留在北平继续与日军周旋。日军占领平津后，在北平积极筹组伪政权，并向张自忠提出通电反蒋、反共等要求，被张自忠断然拒绝。从

▲1937 年春，二十九军在北平举行军事会议，前右
起：张维潘、张自忠、宋哲元、刘汝明、石友三，
后右起：冯治安、赵登禹、何基沣等。

此，张自忠处处受到刁难和限制。在这种情况下，他感到自己
留北平已无意义，便托病隐蔽。9 月 3 日，化装成汽车司机助
手，潜离北平。

许多人对卢沟桥事变后张自忠留北平很不理解，他离北平
后，舆论界对他的指责仍有增无减，有的报纸说他"自作聪
明"，有的报纸说他"自以为忠"。在这种情况下，蒋介石给
张自忠以撤职查办的处分。此时，淞沪战场战事正酣，张自忠
困处南京，形单影只，无所事事，开始抽起鸦片烟，他内心的
痛苦可见一斑。

1937 年 11 月，张自忠在李宗仁、宋哲元的保举和原部
队官兵的要求下，返回第五十九军（由原第 38 师扩编）任
军长。张自忠泪水盈眶地表示："蒙各位成全，恩同再造，
我张某有生之年，当以热血生命报国家、报知遇。"12 月 7

日夜，他回到五十九军，深夜里将所有部队集合，他只说了一句话："今日回军，就是要带着大家去找死路，看将来为国家我们死在什么地方！"从此，张自忠开始了他一生中最辉煌壮烈的年代。

1938 年 1 月，日军占领南京后，为了沟通南北战场，开始从南北两路沿津浦线夹攻徐州。2 月，张自忠奉第五战区司令长官李宗仁令率五十九军增援淮南。在固镇，张自忠与日军遭遇，在战斗中，张自忠写信给所部先头部队 180 师 26 旅旅长张宗衡"要忍到最后之一分钟，要撑最后之一秒钟"，与敌顽强拼杀。在张自忠的指挥下，我军遂发起猛烈进攻，击溃敌人，并乘胜追击，克复曹老集、小蚌埠、怀远等地，将日军赶回淮河南岸，与敌形成隔河对峙局面，使敌人北进受阻。这是张自忠回军后的第一次大显身手的胜利一战。

▲张自忠与第五战区高级将领在第五战区长官司令部驻地湖北老河口合影。左起：吴仲直、高永年、刘汝明、王鸿韶、郭忏、汤恩伯、孙连仲、李宗仁、张自忠、黄淇翔、韦永成。

3月，张自忠又奉令驰援临沂。临沂距台儿庄90公里，为徐州东北的屏障，是鲁南的军事重地。进逼临沂的日军是号称"铁军"的板垣第五师团，他们企图围歼临沂守军庞炳勋部，与津浦线上的矶谷师团呼应，会攻台儿庄，进逼徐州。张自忠接到命令后，不顾与庞炳勋的旧怨，以一昼夜180里的急行军，于3月12日到达临沂城西郊。一天后，战斗打响。五十九军以38师为左翼，以180师为右翼，以迅雷不及掩耳之势，强渡沂河，插入板垣师团的右侧背，迫使其放弃攻城，转向五十九军作战。原驻守临沂的四十军乘机反攻，插入敌人左侧背。双方在沂河两岸连续肉搏，反复冲杀达三天。此役共击毙日军4000多人。五十九军伤亡6000人以上，全军第一线作战部队中，营长伤亡三分之一，连长、排长则全部易人。3月16日，战区参谋长令五十九军向郯城后撤，张自忠却要求再打一天一夜。经战区参谋长徐祖贻请示战区同意后，他下令营长、团长均到第一线指挥，师长、旅长到团指挥所，军长亲临两师前线，并令全军所有火炮全部推进到第一线。嗣后，五十九军所有指战员投入战斗，猛攻盘踞在凤仪官庄、刘家湖、苗家庄等十余个村庄的敌人。激战到3月17日凌晨，号称"铁军"的板垣师团再无抵抗之力，只得遗下千余具尸体，向临沂以北的汤头、莒县方向溃逃。次日晚，五十九军除留下一旅协同友军守城外，其余撤离临沂，策应第五战区正面作战。

台儿庄战役开始后，日军侦知五十九军撤离临沂，又集聚5000余人，配以飞机、大炮、坦克反扑过来，守军庞炳勋部在反击中渐渐不支，五十九军奉令星夜回援。3月25日，张自忠率部到达临沂西北地区，立即向敌人的右侧背进攻，敌军亦全力向我军猛扑。我军在毫无凭借的情况下，浴血奋战，死伤严重。28日，日军又增加千余人，炮10数门，附以飞机往复轰炸，战斗更加激烈。张自忠部继续苦战，几近不支。值此形势严峻之时，援军赶到，张自忠令全线猛烈出击，将敌军截为两段。日军不支，大部向东北溃逃，我军乘胜追击，于 31 日胜利结束战斗。此次临沂之战歼灭日军板垣师团及板本旅团过半，彻底粉碎了板垣、矶谷两师团在台儿庄会师的计划，有力配合了战区大军在台儿庄的正面作战。

临沂大捷后，国民政府军事委员会特发布命令，撤销对张自忠的"撤职查办"处分。不久又任命他为第二十七军团团长兼五十九军军长。①

日寇不甘心台儿庄的惨败，从 1938 年 4 月中旬起，从平、津、晋、绥、苏、皖各战场，增调大约 30 万军队，并配以各种重武器，分六路对徐州进行大包围。为粉碎日军在徐州围歼我有生力量的企图，1938 年 5 月 14 日，第五战区进行战略转移，决定分三路由徐州突围。张自忠部为第三路，奉命在突围中担任掩护，突围后向许昌、南阳方向前进。当时五十九军总共不到 9000 人，其中，战斗人员仅 6000 人左右，但在张自忠将军督率下，部队整肃，士气旺盛。在萧县东南地区，张自忠部和日军激战两昼夜，调动兵力从三面围攻夹击萧县之敌，掩护大军西撤。他率手枪营在东北方的公路上占领阵地，用集束手榴弹将日军坦克阻止在距离不到 200 米的地方，以掩护战区大军安全通过。在部队突围中，张自忠令军部、师部人员都投入战斗，军长、师长亲临第一线指挥，直至完成任务。随后，张自忠率领五十九军突围，安全到达亳州，6 月初到许昌附近集结整训。在整个撤退途中，张自忠亲自断后，并让出车马，

① 王成斌等主编：《民国高级将领列传》（第一集下），解放军出版社 2003 年版，第 349 页。

沿途收容伤兵，自己徒步而行，以至脚破血流。张将军的行为让广大官兵无不感慨佩服。

徐州会战结束后，张自忠率领五十九军到河南信阳一带整补，部队很快恢复到 3 万人。1938 年 9 月，五十九军刚整补完毕，新兵训练还不满两个月，就奉命开赴潢川，阻击由安徽六安西进之敌。9 月 6 日，当 38 师 113 旅挺进至潢川以东的春河集时，与西进之敌发生遭遇。我军迎头痛击，将敌人遏止于春河集以东地区。相持到 9 月中旬，胜利完成阻击任务，部队奉命由潢川、光山撤防，转战于大别山的新城、礼山一带。10 月底，武汉失守后，五十九军又奉命由大别山西进突围。一路上，他们多是利用夜间行军，从敌人眼皮底下通过。在参加武汉会战过程中，张自忠因在潢川、大别山一带遇敌、突围有功，升任第三十三集团军总司令，除五十九军外，七十七军、五十五军皆归其管辖和指挥。

1939 年 5 月，日军以三个精锐师团，一个骑兵旅，约 10 余万人，轻重炮 200 多门，汽车百余辆，气势汹汹地向湖北随县、枣阳进犯。此时，第三十三集团军担任鄂北大洪山麓、京（山）钟（祥）公路和襄河两岸的防务。日军第 16、13 师团及骑兵第四旅团，配以战车二十余辆、飞机四十余架、由钟祥北进，向第三十三集团军在长寿店以南山地之线的 38 师和 180 师阵地发起猛攻。由于兵力和装备相差悬殊，防线被敌突破。紧要关头，张自忠急令 38 师渡河向东，并亲率两团兵力渡襄河指挥，先在流水沟截住敌人，与敌激战一昼夜后，迫其后撤，随后又命 38 师向田家集方向追击。7 日，又在东至亭子山西至刘家寨长达两公里的山地设伏，歼灭日军一个辎重联队，毙敌辎重兵少将一人，缴获战马三百余匹和其他军用物资无数。与此同时，他又命令 180 师进至田家集西南，与 38 师配合，两面夹击，将日军紧紧咬住在田家集地区。数日后，日军全线崩溃。

▲1939 年鄂西大捷后，三十三集团军司令张自忠接受中国妇女慰劳自卫抗战将士总会赠送的锦旗。

襄东截击战，张自忠部共毙伤敌军约三四千人，截断了日军的增援和补给线，保证了战区各军对敌包围任务的完成。张自忠将军英勇善战，敌人以"活关公"称呼他。随枣战役后，第三十三集团军受到了统帅部和战区长官部的嘉奖，得奖金 10 万元。张自忠将钱全部分给部队，并给各有功人员晋升一级。

1939 年冬，第五战区对襄河东岸的日军发动了大规模的冬季攻势。在襄河以东地区，张自忠率领的三十三集团军为攻击的主力部队之一。张自忠首先率部向钟祥以南地区的日军第 13 师团发起进攻，歼灭其第 104 联队，打死柴田联队长。日军立即增兵反扑，十分凶猛。张自忠下令各路将领："只准前进，不准后退！阵地就是我们的坟地，后退者死！"在罗家陡坡一带与敌激战了八昼夜后，令第38师立即向王家台子以南地区各村庄攻击，经三天激战，毙敌3000余人。殊死奋战十几天后，日军第13师团全线开始动摇。张自忠又令第132师395团夜袭日军总指挥部所在地，日军全线崩溃。

经过一个月的激战，1940年3月，冬季攻势结束。张自忠因再建大功，晋升为第五战区右翼兵团总指挥，仍兼任第三十三集团军总司令，除辖第三十三集团军外，第二十九及第二十六集团军也归其指挥，并荣获宝鼎勋章一枚。

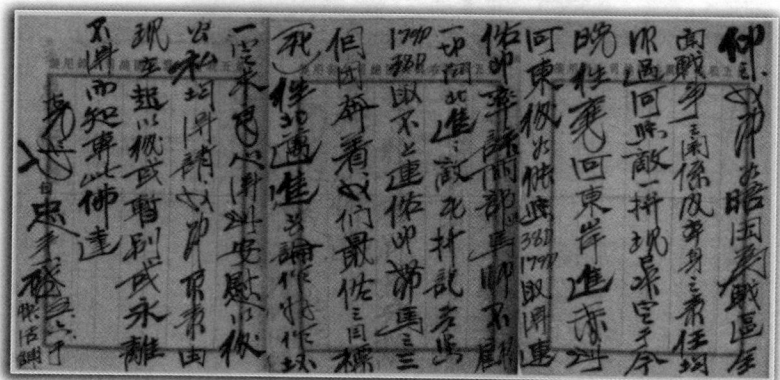

▲1940年5月6日，第三十三集团军总司令张自忠在鄂西前线出击前致冯治安副总司令诀别信。

两个月后，日寇为了先在汉水东岸击破我第五战区主力，然后渡河攻开重庆大门——宜昌，以迫使重庆政府屈服，日军集中三个师团和三个旅团以及其他五个师团的部分兵力，共15万余人，分三路进攻枣阳、襄阳、宜昌等地，向第五战区主力包围。由于日军来势凶猛，张自忠深感自身责任重大，决心破釜沉舟，再次亲往襄河东岸，统率各部队截击日军，诸将力劝他坐镇河西，可他坚决不从，在给冯治安的亲笔信中表明自己做好牺牲的准备。5月7日，他率领总部、特务营和第74师的两个团和总部手枪营，在宜昌城以北渡河，向枣阳攻击。日军调集主力，折回反扑。经过七八天的苦战，张自忠部减员严重，人疲马乏，粮弹两缺，转移到南瓜店十里长山一带。就是在这里，张自忠壮烈牺牲。跟随张自忠左右直到他最后一息的卫士谷瑞雪回忆了他殉国的经过：

5月16日，部队转移到南瓜店十里长山一带。当天上午，敌人集中多数兵力，从东南西三面向总部猛扑，手枪营和郑万良团浴血奋战，多次击退敌人。这时，苏联顾问提议撤退，总司令不同意。参谋长李文田说："我们的决策是长期抗战，作战也要能胜能败，能攻能守，孤注一掷的办法不够恰当。"李致远参议也说："敌人三面包围我们，不如暂时转移，重整旗鼓，再与敌决战，不必要的牺牲应该避免。"张总司令火了，大声说："当兵的临阵退缩要杀头，当总司令遇到危险可以逃跑？这合理吗？难道我们的命是命，前方战士都是土坷垃？什么包围不包围，必要不必要，今天的事有我无敌，有敌无我，一定要血战到底。"

包围圈缩小了，敌人的机枪在吼叫。张总司令命令李致远参议派人保护苏联顾问和总部非战斗人员迅速撤离战场。不一会儿，"轰隆"一声巨响，一颗炮弹在指挥所爆炸了，参谋处长吴光辽腿部被炸伤了，总司令又命令参谋处的人把吴处长送走。紧接着又飞来一颗子弹从总司令的左臂三角肌处穿过。张总司令右手按了一下伤口："哈……我现在是上将衔，今天如果牺牲了，开追悼会一定很热闹罗。"护士长史全胜给他包扎伤口，警卫人员不约而同地围在他的身边做掩护。他批评说：

"你们跟这样紧干什么？怕我跑了不是？"这时我方官兵伤亡惨重，参谋长李文田、高级参谋张敬分头到东西两侧，指挥战斗……东南边的小山头上退下四个散兵，总司令命令我说："谷瑞雪，看一看那几个人是怎么回事，如果装孬种，就地正法，用刀砍，不要用枪打。"我一手持刀，一手握枪，飞奔而去。到了他们跟前，便轻声对他们说："总司令在此，赶快回去。"那几个战士便回身冲上去了。这时，从西南方向跑步来了一个手枪营班长报告说，张高参在和敌人搏斗中中弹牺牲，杜营长腹部受了重伤。总司令命警卫人员史光汉说："赶快把杜营长送出危险界。"史光汉答应一声，跑步去了。这时随从护士长史全胜在离我们不远的东南边被炮弹炸死。紧急的情况迫使我们不得不用强制手段搀扶总司令向比较安全的地方转移。总司令不但不走，还骂我们都是怕死鬼。手枪营4连王连长，正指挥本连剩余的十几个人堵击来犯之敌。他看到总司令还在这里，便跑上去头顶着总司令的胸部说："我们都不怕死，请总司令先走一步，我们不打退当面之敌，死也不下火线！"又对着我们几个警卫员说："你们快走吧（意思是叫我们把总司令拉走）！"说罢，举起手枪又向敌人冲去了。张总司令哈哈大笑说："好样的，不愧是我的部下。"……这时候，总司令身边只剩我一人了。我扶着总司令的右臂想从一个小沟里往山上走。总司令不同意说："沟里什么都看不见，怎么指挥？"这时手枪营的官兵非死即伤，敌人马上就要扑到跟前了。情况虽然紧急，但如果愿意离开，还是可以脱险的。可是总司令誓不后退。飞来一颗子弹从他的胸部左侧穿过。敌人已经从各方面包围过来，总司令危急万分。作为一个警卫人员，我急得哭了。他笑了："你这小子，哭什么？战死沙场，是军人的本分。我觉得这样做对国家、对人民、对长官，问心无愧。"话刚说完，从东南飞来几颗子弹，总司令太阳穴和右眉梢上部中弹。他——中华民族的好儿子，为了国家和民族的解放……我哭着把总司令的大衣盖在他身上。

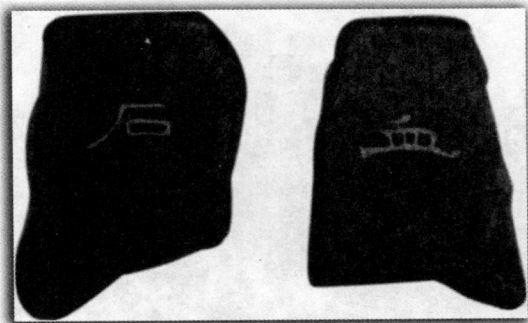

▲珍藏在中国军事博物馆的张自忠将军鲜血浸染的两块血石

张自忠将军牺牲时，年仅 49 岁，随同他一起殉国的还有张敬等官佐及士兵 300 余人。日军第 39 师团发现了张自忠的遗体后，用酒精擦洗干净，用白布裹好，将其浅葬于襄阳陈家集陈家祠堂后面，并插上一块木牌，上写"支那总司令张自忠"作为标记。38 师师长黄维纲带领敢死队，端着轻机枪于 16 日夜间突袭南瓜点，抢回了张自忠的遗骸，护送到三十三集团军总司令部快活铺，重新入殓。经检视，张自忠身有八处伤口，其中炮弹伤二处，刺刀伤一处，枪弹伤五处。灵柩由宜昌经水路运往重庆，10 万军民恭送灵柩至江岸，其间日机三次飞临宜昌上空，但祭奠的群众却无一人躲避，无一人逃散。5 月 28 日，灵柩到达重庆储奇门码头，蒋介石、冯玉祥等军政要和各界人士数百人，臂戴黑纱，肃立码头迎候。在船上，蒋介石"抚棺大恸"，在场者无不动容。

▲1940 年 5 月 28 日，蒋介石、冯玉祥、孙科、于右任、孔祥熙等
在重庆储奇门码头祭奠张自忠将军。

张自忠的牺牲，各界震惊，闻者无不扼腕叹息。为避免影
响全国抗战士气，直到同年 7 月 7 日抗战三周年纪念日，国民
政府才将消息公诸报端。在重庆，蒋介石以军事委员会委员长
的名义通电全军，表彰了张自忠的业绩。11 月 16 日，国民政
府在北碚双柏树雨台山举行了隆重的安葬仪式，蒋介石亲题
"英烈千秋"。国民政府发布国葬令，颁发"荣字第一号"荣
哀状，将张自忠牌位入祀忠烈祠，并列首位。冯玉祥为张自忠
亲题墓碑"张上将自忠之墓"，并将雨台山改名梅花山，买来
梅树栽植于四周。每逢张自忠忌日，他都亲临陵墓参加祭礼，
直到他被迫出国，遇难。张自忠的卫士朱增源主动要求看护北
碚张自忠的陵墓，看护了整整 10 年。在延安，各界代表举行
了隆重的追悼大会，毛泽东题送挽词"尽忠报国"。董必武题
诗："汉水东流逝不还，将军忠勇震瀛寰。裹尸马革南瓜店，

三载平芜血尚斑。"周恩来写下了真诚感人的《追念张荩忱上将》："张荩忱上将于民国二十九年五月十六日襄樊战役中殉国，至今整整三年。在这三年中，每当前线战况紧张，部队浴血奋战之际，便很容易联想到抗战以来的殉国将士，而尤易怀念到举世景仰的张荩忱上将……"在湖北宜昌城，他的部下修建了自忠上将殉国处纪念塔、烈士事迹陈列馆、张上将同难官兵公墓，还修建了"张公祠"，祠内刻着"瞻望南瓜店前路，抗战史上第一人！"还筑有"张自忠衣冠冢"，埋葬着将军殉国时的血衣。在北平、天津、汉口、徐州、济南、上海、重庆等大城市，都有张自忠路或张自忠学校，以纪念这位抗日英雄。

节振国：

刀劈日寇显威风

节振国，冀东著名的抗日民族英雄，1910 年 10 月 9 日出生于山东武城县刘堂村（今属河北省故城县）一个贫苦农民家庭。10 岁那年，家乡闹饥荒，他随父兄逃荒到开滦赵各庄，不到 20 岁就成了井下工人。

▲节振国（后排右起第四）与武术老师及师兄弟的合影

　　煤矿工人工作辛苦又危险，旧中国的煤矿工人的辛酸遭遇就更不用提了。当时的矿工都像奴隶一般地劳动，在井下辛辛苦苦一年干到头，依然填不饱肚子。为防止工人不下井或者早上井，1938 年 3 月，开滦煤矿设立了牌子房，工人上下班要领牌缴牌。因为这个手续，大家每次领牌都要花一个多钟头。这是一种极不合理的制度，大家齐心合力将牌子房砸毁了。

　　1938 年，节振国 29 岁，在赵各庄煤矿做井下支柱工。赵各庄的矿工们喜练武术，节振国更是身手不凡。平时和一般人较量，几个人一齐上也赢不了他，一丈来高的围墙，他一攀就上去。他还和中共地下党员时常来往。这年春天，开滦煤矿工人举行了一场声势浩大的罢工运动，成立了工人纠察队，成员都为平日爱习棍练武的工人，节振国被推举为赵各庄工人纠察队队长。

　　开滦共有唐山、林西、赵各庄、唐家庄和马家沟五个煤矿。节振国在赵各庄领先举行大罢工，大罢工从 3 月 22 日一直持续到 5 月 4 日，沉重打击了英国资本家，也直接影响了日本侵略军在华北的军事行动。

　　罢工结束，日本人撕下"中立"的伪装，与英国矿务局联手对工人领袖进行逮捕和屠杀。5 月 6 日，罢工结束的第二天，一位井下工人叛变，向敌人供认节振国与共产党有来往，还说节振国藏有枪械。日军宪兵和伪警察联合起来，到赵各庄搜捕节振国。日伪军来到节家，将节振国的哥哥抓了起来，以为抓到了节振国。而此时，节振国刚从井下上来，没有回家而直奔师傅家。刚走出矿区，有人告诉他，哥哥节振德被日本宪兵抓起来了。他怒火中烧，连忙往家跑。

　　节振国跑回家，家门外全是日军宪兵和伪警察。他冲进了院子，喊道："我就是节振国！"日本宪兵见节振国自己跑来

▲开滦五矿同盟大罢工

了，就将他随便绑了几下，开始搜枪。敌人都搜枪去了，年长节振国 10 岁的哥哥见弟弟行事鲁莽，又爱逞强，十分着急，他低声告诉节振国，让他不要白送死，拿出自己的本事来。节振国明白了，他挣松绳子，抓起菜刀割断了他和节振德的绑绳。一个宪兵听到屋内有动静，便来看视，节振国劈面给他一刀，宪兵跟跄了几步就栽倒了。节振国抢上前抽出了他的战刀。其他日伪兵闻讯赶过来，节振国两弟兄挥刀一阵猛砍，将屋内的敌人打得死的死，伤的伤。兄弟俩准备冲出院门，但敌人守住门口，发枪乱射，他们只好折回来，迅速退入房子里。

敌人急忙派人调来矿区保安队和巡警，而这些人中，有些是节振国的老乡和朋友，他们暗中营救节家弟兄，悄悄埋伏在胡同里。节振国和哥哥跳上墙头，准备翻檐上房，节振德因为被打伤无法翻墙，刚跑出院门，节振德就被敌人乱射的子弹打死了，敌人又派人去堵节振国的退路。正在此时，埋伏在胡同里的朋友们将节振国背起来逃走，其他人则大叫"节振国往西头跑了！"将日伪军引开。

工友们将节振国护送出赵各庄矿区，又将他转移到丰润城关。在这里，他养好了左腿上的伤。伤愈后的节振国听说平西有八路军，一心想参军以报国恨家仇。但地远人疏，他没有把握。于是他暗中和赵各庄矿的弟兄们联系，商量组织武装力量。不久，一支主要由开滦煤矿工人组成的 100 多人的抗日游击队成立，节振国任游击队队长。①

节振国先是投奔东北抗日联军洪凌阁部。后来，他又在双鹤岭找到了活动在冀东的李运昌。李运昌对节振国刀劈鬼子兵的事迹早有耳闻，当即将节振国的队伍收编为司令部直辖工人特务大队，节振国为大队长。

1938 年夏，昌黎、滦县、乐亭、迁安、丰润等地的农民暴动风起云涌。八路军宋时轮、邓华支队在当地工农群众的支持下，攻下了乐亭，袭入滦县、昌黎县城，进逼唐山市郊，切断了整个北宁路。节振国率领工人游击队参加了冀东暴动，神出鬼没袭击敌人，威名远扬。

1938 年秋天，节振国听说赵各庄伪警察所新运来了大批枪支弹药，他带领一部分队员进入赵各庄，一枪将伪警察所的岗警打倒，带头冲进大门。那些伪军都被节振国吓得呆了，不知所措，乖乖地缴出了枪械。节振国一面命令部下迅速运走枪支弹药，一面集合伪警，向他们训话，告诫他们不许为非作歹，节振国还会来的。

为防范节振国的进攻，维持赵各庄的治安，日本特务机关授意赵各庄的商会会长筹建一支汉奸队伍。节振国得知了这一

---

① 曹艺：《抗日民族英烈魂》，中国民主法制出版社 1999 年版，第 72 页。

消息，决定教训商会会长一下。一天夜里，他带领十几个人冲进赵各庄，大大方方地走进商会会长的住所，用手枪逼着伪警，将商会会长带到部队。节振国对他进行了一个星期的教育，警告他，如果再跟日本鬼子勾结，当汉奸，工人游击队随时都能将他杀掉。被教育了一星期的商会会长被节振国放回了赵各庄。从此，他再也不敢筹建伪军了。

1939 年春，节振国带领部下又英勇机智地袭击丰润县双庙的一个伪警察所。他了解到日军要这个伪警察所所长召集伪乡保长开会，向老百姓派款，就决定替老百姓解除这一负担。在开会那天，他带着几个人，化装混入了警察所，伪所长正在擦枪。节振国走进去，笑嘻嘻地问："这枪好使吗?"伪所长以为是来开会的乡长，就随口答道："好使!""我看看好不好使!"节振国把枪拿过来，对准伪所长的脑袋，说："我是节振国!"伪所长吓得脸色苍白。节振国命令他交出所有伪警察的枪，让他给每个乡长打一张收条，但说款子不要了。他又警告伪乡保长，不准敲诈老百姓。接着，节振国要伪所长马上派人向日军报告，说警察所给八路军打了，枪也被缴了，各区乡保长缴来的款子也被抢了，让鬼子派队伍来追。他还故意放了好几枪，然后返回根据地。

不久，节振国奉命去消灭新城子据点的日军，袭击双鹤岭的伪警备队。从 1938 年 7 月起，节振国率领部队活跃在矿区和广大农村，发动矿工参加抗日武装，神出鬼没地打击日伪军，威震冀东。在工人特务大队的号召和鼓舞下，工人抗日声势日益浩大。节振国率领工人特务大队和日伪军数次激战，两度收复赵各庄、唐家庄矿区，有力地支援和配合了冀东地区的抗日斗争。节振国成为冀东家喻户晓的人物，以至于特务汉奸们打赌吵架时常常发誓"明天叫你碰上节振国!"

1939年秋末冬初，节振国被调到平西中共晋察冀分局党校学习，加入了中国共产党。他率领的工人特务大队越战越强，被改编为八路军第十二团一连。1940年夏，在延安杨家岭的窑洞中，毛泽东听人向他汇报河北人民抗日斗争情况，讲到了刀劈鬼子，百姓称为"节青天"，鬼子称为"白脸狼"的节振国。毛泽东从长椅上坐直了身体，当得知这位大英雄节振国才30岁时，不禁惊叹："这是民族英雄式的人物。"沉吟片刻，他有所顾虑地说："要好好地培养他，保护他，不然他会遭到不测。"可惜节振国还没有来得及听到毛泽东对他的夸奖，就为国捐躯了。

1940年6月，从中共中央北方分局学习结束的节振国由平西回到冀东。当时，金庄炸药库负责开滦煤矿生产用炸药的供给，驻有日军重兵把守。为了破坏日军的煤炭供应，冀东抗日联军决定端掉金庄炸药库。李运昌等人正在研究如何应对日军即将发动的大扫荡和在金庄一带截击敌人。节振国找到李运昌，软磨硬泡争取到了在金庄打埋伏的战斗任务。

节振国采取调虎离山之计，主力部队在凤山附近设伏，用小部分兵力奇袭了金庄炸药库。攻击凤山的战斗打响了，驻守金庄的鬼子果然中计，马上派出200多人前往支援。节振国带领部队把敌人包围在凤山，从早晨一直激战到下午三四点钟，歼灭了大量鬼子。大家战后休息时，有老乡报信说，一小队鬼子往下尤各庄方向逃去。得知情况，节振国立刻带着十几个人追了上去。在下尤各庄村南的陡河边上，节振国追上了鬼子，从三面把敌人包围起来。鬼子没了退路，凭借地形拼死抵抗。节振国带人从正面进攻，端着机枪冲在最前面，一顿猛射，将敌人全部打倒。大家打扫战场准备转移时，躲在青纱帐里的残敌向节振国开了两枪，节振国中弹倒地，英勇殉国。当时，节振国只有 30 岁。

为纪念节振国，每年农历六月廿八至三十，下尤各庄村家家户户吃斋三天，这个习俗沿袭至今。节振国烈士墓，在河北省唐山西郊冀东烈士陵园内。

谢晋元：

宁斗死，不投降
八百壮士守四行

中国不会亡，中国不会亡！
你看那民族英雄谢团长。
中国不会亡，中国不会亡！
你看那八百壮士孤军奋守东战场。
四方都是炮火，四方都是豺狼，
宁愿死，不退让！
我们的国旗在天空中飘荡！
飘荡，飘荡！
飘荡，飘荡！
八百壮士一条心，十万强敌不敢挡。
我们的行动伟烈，我们的气节豪壮！
同胞们，起来！
同胞们，起来！
快快赶上战场，拿那八百壮士作榜样。
中国不会亡，中国不会亡！
中国不会亡，中国不会亡！
不会亡！不会亡！不会亡！

　　这首慷慨悲壮的歌，抗日战争时期曾响彻大江南北、长城内外。"中国不会亡"的坚定信念曾激励千千万万的中国人奔赴杀敌的战场，也是在八年的艰难困苦中支撑中国人战斗下去的精神支柱。歌中唱的谢团长就是领导这八百壮士的抗日民族英雄谢晋元。

　　谢晋元，字中民，1905 年 4 月 26 日出生于广东省蕉岭县同福乡尖坑村一个农民家庭。父亲谢发香是个小商贩，母亲李氏是一个纯朴善良的渔家女儿。谢晋元兄弟姐妹共 11 人，一个哥哥，九个姐妹，谢晋元排行第五。由于家境贫困，他的哥哥带着三个姐妹去南洋谋生，后因贫病交加，客死异地。谢晋元幼年在家乡育民学校和三圳公学读书，同时，在父亲的指导下也学习了一

▲谢晋元

些中国传统典籍。在家乡读书时，因受到辛亥革命思想的影响，立下了反抗外来侵略、为民报国的志向，后入梅县省立第五中学，毕业后考入广东大学（后改为中山大学）预科，尚未毕业，就弃文从武。1925 年考入黄埔军校第四期，先入步兵科，后转政治科，次年提前毕业，参加北伐战争。因在歼灭土匪刘桂堂的战斗中英勇善战，被调往十九路军蔡廷锴部。

　　1936 年，谢晋元所在部队从四川万县调无锡一带驻防。他知道中日之战不可避免，上海地区将会是主要战场之一，为了奔赴战场杀敌，他将妻子儿女送回广东原籍。临别时，他对妻子凌维诚说："半壁河山，日遭蚕食，亡国灭种之祸，发之

他人，操之在我，一不留心，子孙无遗类矣。为国杀敌，是革命军人之素志也。职责所在，为国当不能顾家。"他还嘱咐妻子奉养年老父母、抚育年幼的子女。

1937年，卢沟桥事变爆发。上海地区的形势也如箭在弦，一触即发。当时，谢晋元任第88师（师长孙元良）262旅旅部参谋主任。8月11日，第88师奉命由无锡开赴上海增防，驻于闸北、虹口公园以北一带。262旅进入北站附近阵地。8月13日，淞沪会战爆发，谢晋元所在的旅参加上海闸北八字桥之役，与敌血战。9月间，因524团团附负重伤出缺，谢晋元遂补任524团团附，率部防守北火车站，坚守阵地达两个月之久。

10月26日，日军突破大场防线，向闸北一带疯狂进攻，由于中国军队侧背受敌，处境十分不利，江湾守军被迫奉命撤退，在几十个师数十万人撤退之时，谢晋元率524团担任断后工作，掩护部队撤退。这天早晨，时任上海战区最高指挥官的顾祝同打电话给孙元良，说蒋介石想要第88师留在闸北，死守上海。在全军退却沪西前，孙元良请谢晋元和524团1营营长杨瑞符到"四行仓库"（大陆、金城、盐业、中南四银行联营的仓库）第88师司令部里，给他们下达了"死守上海最后阵地"的命令，并建议他们将指挥所和核心部队布置在四行仓库。谢晋元和杨瑞符接受了命令。次日4时，中国军队全部撤出。

四行仓库是一座六层的钢筋水泥建筑物，位于苏州河北岸新垃圾桥（今西藏路桥）西面。它的西边和北边是中国地界，已被日军占领，仓库的东边是西藏路，属于公共租界，南面是苏州河，过河也是公共租界。四行仓库实际上已经变成了一个孤岛，是当时上海唯一属于中国军队守卫的一块国土。

▲谢晋元率八百壮士坚守的四行仓库

　　谢晋元进驻四行仓库后，表示了抗战到底的决心，他要求全体官兵誓与国土共存亡，他对部下说："这里是我们大家的坟墓，只要有一个人在，这块土地就是我们中国的！"为了表示誓与仓库共存亡的决心，他们用仓库储存的物资和沙包将仓库底层的门窗全部堵死，二层以上窗口堵塞一半，同时切断电源。谢晋元还令各连清点人数，造好名册，并组织了一支敢死队。在谢晋元指挥官兵加固小楼工事时，有一名外国记者向小楼的窗口递进了一个纸团，问四行仓库里有多少中国的军队，谢晋元告诉记者："我们有八百人。"这样，随着响起的抗击日寇的阵阵枪声，八百壮士的英名就纷纷传开了。

　　当八百壮士准备血战到底，迎击敌人的时候，防守租界里的英国驻军派人劝说其卸去武装，并准许他们退入租界，保护他们的生命安全。对此，谢晋元毅然谢绝，并说："我们是中国军队，宁愿战死在闸北这块领土之内，也决不放弃杀敌的责任。我们的魂可以离开我们的身，枪不能离开我们的手，没有命令，死也不退。"

　　10 月 27 日晨，日军发觉中国军队已经撤离，于是开始向中国守军放弃的阵地小心推移，在接近四行仓库时，发现里面还有中国军队，因不知中国守军的情况，他们先用轻型炮火轰击，进行试探，后调进大批兵力，直抵苏州河边，下午两点钟，开始向四行仓库猛扑过来。因怕流弹飞到租界，引起国际争端，日军只能用机关枪和步枪，待敌人接近四行仓库时，谢晋元一声令下，机关枪和步枪响作一片，打得敌人丢盔弃甲，击毙日军 80 余名，八百壮士几乎没有损失。

▲坚守四行仓库的八百壮士

　　谢晋元率孤军死守四行仓库抗击日本侵略军，使上海市民无不敬佩感泣，称他们为"八百壮士"（实际人数是 400 余人）。从 27 日以来，从早到晚数以万计的群众聚集在苏州河南岸租界上遥望，群情激昂，纷纷隔河挥帽致敬。各界人士还纷纷组织起来，为八百壮士送去慰劳品，卡车沿苏州河北岸开到西藏路桥北塄东侧，人们将各种食物、药品递进了烟纸店窗口。10月28日夜，女童子军杨慧敏冒着生命危险，冲过火线，向壮士们敬献国旗。她将一面国旗紧紧地缠在身上，再罩上制服，从马路上爬到四行仓库楼下。当她脱下外衣，将浸透了汗水的国旗呈现给勇士们时，在朦胧的灯光下，这一群捍卫祖国的英雄都激动得流下泪来了！谢团长说："勇敢的同志，你给我们送来的岂止是一面崇高的国旗，而是我们中华民族誓死不屈的坚毅精神！"谢晋元立刻吩咐准备升旗。第二天，民众看到国旗迎风飘扬时，欢声雷动。租界里的外籍人士也深受感动。

▲女童子军杨惠敏不顾危险，泅水向坚守四行仓库的"八百壮士"献旗。

民众的支持和鼓励，化作了四行将士们更英勇的作战行动。面对敌人的包围和进攻，谢晋元和他的战士表现出了大无畏的精神。28日，谢晋元率部阻击日军，亲手毙敌两名。在敌人企图爆破仓库，用坦克掩护步兵冲击洞口的紧要关头，敢死队员陈树生在自己身上缚满手榴弹，拉了导火线，从6楼窗口跃入敌群中，与10余名敌人同归于尽。29日，在坚守阵地3天后，谢晋元向长官孙元良发去一封信，表示"以牺牲的决心……奋斗到底。在未完全达成任务前，决不轻率怠忽。成功成仁，计之熟悉"。他还致函上海某团体，"军人以服从为天职，保卫国土，职责所在。洒最后一滴血，必向倭寇索取相当代价；余一枪一弹，亦必与敌周旋到底"。慷慨悲壮，令人敬肃。

谢晋元领导的勇士们在尺寸之地，抵抗数十倍于自己的日军，坚守仓库四昼夜，击毙敌人 200 余人，击伤无数。而孤军仅牺牲 10 余人，伤 30 余人。这一壮举迅速引起国内外的强烈反响。孙元良致函四行孤军："沪上中外人士交口钦佩，民众奔走援助；咸负如可赎也，人百其身之愿。此诚中华民族之光荣，我中华民国之光荣，亦我国民革命军之光荣。"何香凝先生致函谢晋元与八百壮士，赞扬了他们高度的革命精神和英雄气概，希望他们奋斗到底。在信中，她写道："你们每一个人，都已具有革命精神，牺牲精神，不论是成仁或是成功，都可以俯仰无愧了。殉国的将士，将因为你们而愈伟大；前线的将士，将因为你们而愈英勇；全国同胞，将因为你们而愈加团结；国际人士，也将因为你们而愈能主张正义了。"在勇士们守卫四行仓库的日子里，各大报刊对他们的战况、民众的反应都作了详尽报道。10 月 28 日，上海《大美报》的社评说："世界人士对华军固守闸北之久，甚表惊讶！诚然，华军威武不屈之持久力，与夫如火燃烧之爱国热忱，吾人目睹 1937 年闸北华军之英勇抗战精神，于吾人脑海中永留深刻之印象。日军所获胜利，实非真正之胜利，华军作战之奋勇，空前未有，永垂青史；而闸北'八百壮士'之固守，乃为世人所推崇。"英国《泰晤士报》除在同一天发表社评，"本报对于此次上海作战中国军人之英勇表现，表示最大之敬意"，还发表了一个西方人的信："中国军队守卫上海 76 日之后，尚有死守四行仓库的八百孤军，困于强敌，力持不屈，其英勇之气，使人敬佩之至……"

　　为了攻下这最后一块阵地，日军使用了种种办法，但对于死守在四行仓库的谢晋元和他的战士无可奈何。他们决定发动总攻，要不顾一切后果，采取极端手段，对付中国守军。公共租界当局害怕了，因为在距离四行仓库很近的新垃圾桥南堍，有两只巨大的煤气储气罐。万一日军采取疯狂手段，煤气罐中弹，半个上海将会变成一片火海，后果不堪设想。在日军发起总攻之前，英国驻军又派人告诉八百壮士，让他们在日军总攻前撤离，英国驻军愿意帮助守军退入租界，并保证他们的人身安全。谢晋元和八百壮士再次谢绝了英国驻军的好意，坚守在四行仓库。公共租界当局不得不多次电请国民政府下令孤军撤退，宋子文从中国银行仓库给谢晋元打来电话，命令他率部队马上撤入公共租界，谢晋元虽然抱定了与仓库共存亡的决心，但军令不可违。10 月 31 日凌晨，他指挥部队开始撤退。他们还没有来得及撤退，日军已经发起了总攻，战斗到天黑，日寇借着探照灯的光亮继续进攻，八百壮士将敌人探照灯打坏后，开始撤退。这次撤退，最后离开四行仓库的就是谢晋元。从 27 日到 31 日，经过四个昼夜的对峙激战，谢晋元领导八百壮士打退了敌人 1 万多人次的进攻，毙敌 200 余名，伤敌不计其数，击毁地战车 2 辆，八百壮士仅伤亡 30 余人。

　　谢晋元率领四行孤军退入租界。当他们通过新垃圾桥后，租界当局要收缴武器，车在胶州路羁留。全体将士情绪激昂，声言武器为军人第二生命，不能离手，他们宁愿重返四行仓库，继续固守到底。僵持了数小时，经解释和劝阻，将士们才登车。原来，日本向租界当局提出了严重抗议，并威胁，如果准许孤军通过，日军也将开进租界，追击孤军。慑于日方的蛮横，租界工部局不敢释放孤军归队。另一方面，日方要求引渡孤军，工部局同样也予以拒绝。这样，四行孤军就羁留在孤军营，直到太平洋战争爆发，租界为日军占领。在孤军撤离四行仓库的这一天，蒋介石给八百壮士各晋一级，谢晋元团附升任上校团长，颁授青天白日勋章。

　　谢晋元本打算撤退后通过租界归队，重新投入战斗。不料被羁留起来，"始知己陷入黑暗的深渊"。"孤军营"在当时新加坡路 40 号对过堆垃圾的空地上，和胶州公园一墙之隔，占地 15 亩，四周以铁丝网围绕。在这种艰苦的环境中，谢晋元身为孤军领袖，率领全体官兵励精图治，准备再报效祖国。他制定了教育、学习、生产、体育各项计划，仍过着严格的部队生活，早操、值勤、站岗，从不间断。孤军营内一切都是自理，伙食自办，谢晋元带领战士平整场地、盖营房，还自力更生制肥皂、织毛巾、线袜，做

▲孤军营内，谢晋元作诗寄意。

木工活，等等，还开展各种文娱体育活动，练拳、打球、组织运动会、唱歌，以锻炼体格，健康身心。在他的带领下，官兵们始终保持着战斗的姿态。

　　谢晋元常劝勉部下"含辛茹苦，以待光明来临"，他还说："在上海租界上，我们的言行，必须使友邦从我们身上看出中国军人之气概，从此认识中国的真精神。"因此，他十分注意教育部下不忘抗日爱国，亲率士兵出操上课，以木枪练习瞄准刺杀。他还在孤军营举行精神升旗仪式。因为在孤军营里，没有军号、没有国旗、没有旗杆，每天早操前的升旗仪

式，就由谢晋元带领，向空中行注目军礼，礼毕，大家肃立唱国歌。他对战士们说"我们头上有青天白日，脚下有热烈的鲜血，这足以代表国旗"，以此来表示他们的爱国决心。

▲谢晋元（中坐者）孤军营严整军纪，"精神升旗"。

除训练部属外，谢晋元勤学不辍，在孤军营里自修外文。从1938年元旦起，到他被刺牺牲前两天，他连续写了3年日记。但是作为一个军人，在国难深重之时，不能效命沙场，而被羁禁，这种生活对他的刺激太大，他内心十分苦闷，以致长期失眠。他曾作诗述怀："勇敢杀敌八百兵，千无聊赖以诗鸣。谁怜爱国行行泪，说到倭奴气不平。"

4月22日，谢晋元在发表谈话时说："余敬向全世界爱好和平的人士进行呼吁，请主持正义，唤醒公共租界当局注意其自身中立态度，实践诺言。"

1938年8月，谢晋元为纪念八一一出师和八一三抗战一周年，向租界工部局再三交涉，要在孤军营内悬挂国旗三天。8月9日，工部局派人送去了一根长旗杆。拿到旗杆后，谢晋元带领官兵在孤军营竖起了旗杆。旗杆立起后不久，租界万国商团团长亨培来干涉，先是不许悬旗，谢晋元不同意，对他们进行了反驳，后通过协商将旗杆截去四尺，使与营内大礼堂屋顶相齐，避免日军看见，引起麻烦。11日早晨6时，谢晋元率部举行升旗仪式，国旗在孤军营内飘扬。

几小时后，工部局派英格兰兵300名，包围孤军营房，派意大利兵400名在晋元路一带警戒，又派一队白俄兵冲入孤军营。幸亏当时万国商团里的一位中国团员事先发觉来告。谢晋元听后十分气愤，立即集合全体官兵，并下达了命令：第一连负责看守瞭望塔，第二连分散于大操场，第三连死守营门，第四连保卫国旗。全体官兵表示保卫国旗如保卫国土，要为保国旗而战，决不在帝国主义面前屈服。不到5分钟，白俄士兵冲进营房，用机关枪向手无寸铁的孤军扫射。当场有四位战士在国旗下殉难，100多名官兵负伤。为了抗议租界当局的蛮横行为，谢晋元和全体官兵一致决定宣布进行绝食斗争。第二天，工部局又将谢晋元等官佐10余人移至外滩白俄队司令部幽禁。离开孤军营时，谢晋元给部下留下一张纸条，希望他们为正义与公理誓死斗争，全体孤军继续进行绝食斗争。

孤军营里的斗争，得到了上海和全国人民的声援和支持。连日来上海民众抗议罢市不断，上海纳税华人会、市商会及各群众团体纷纷向工部局抗议和交涉。8月13日，中国共产党在汉口出版的机关刊物《群众》周刊上撰文："向羁留在沪坚持奋斗的八百壮士致诚挚慰问之意！"在舆论和公众的谴责下，租界当局被迫让步，郑重送还国旗，抚恤死难人员。谢晋元等人也于10月7日回到孤军营。通过这一事件，谢晋元更痛感"弱国国民处处受人欺侮，不流血，不抗战，等待何时？"

此后，日伪又曾多次对谢晋元威胁利诱，他和孤军营的处境日益恶化。1939年8月11日，悬旗冲突一周年之际，孤军营里全体官兵举行了纪念活动。在举行精神升旗仪式时，谢晋元发表了讲话："吾人应以个人生命，贡献于国家民族，只有国家民族之自由，而无个人之自由，只有国家民族之生命，而无个人之生命。"为了表示自己宁死不屈的决心，1939 年 9月，谢晋元在写给父母的信中预先立下遗嘱，做好以身殉国，决不投降的准备：

上海情势日益险恶，租界地位能否保持长久，现成疑问，敌人劫夺男之企图，据最近消息，势在必得。敌曾向租界当局要求引渡未果，但野心仍未死，且有"不惜任何代价，必将谢团长劫到虹口（敌军根据地），只要谢团长答应合作，任何位置均可给予"云云。似此劫夺，为欲迫男屈节，为敌作牛马耳。大丈夫光明磊落而生，亦必光明磊落而死。男对生死之义，求仁得仁，泰山鸿毛之旨熟虑之矣。今日纵死，而男之英灵必流芳千古。故此日险恶之环境，男从未顾及，如敌劫持之日，即男成仁之时。人生必有一死，此时此境而死，实人生之快事也。惟今日对家庭不能无一言：万一不讳，大人切勿悲伤，且应闻此讯以自慰。大人年高，家庭原非富有，可将产业变卖以养余年。男之子女渐长，必使其入学，平时应严格教养，使成良好习惯。幼民子弟富天资，除教育费应请政府补助外，大人以下应刻苦自励，不轻受人分毫。男尸如觅获，应归葬抗战阵亡将士公墓。①

汪伪南京国民政府成立后，曾派人以高官厚禄相许，诱降谢晋元，但遭严词拒绝。汪伪诱降不成，遂策划阴谋，派人收

① 陈立人：《八百壮士：中国孤军营上海抗战纪实》，团结出版社 2010 年版，第 216 页。

买孤军营内的不肖士兵伺机暗杀谢晋元。

1941 年 4 月 24 日晨 5 时许，孤军营官兵照例在操场集合，列队早操。点名时，发现士兵郝鼎诚等四个上等兵迟到了 5 分钟。谢晋元治军素严，当众予以训斥。在全体跑步时，迟到的郝鼎诚、张文清、龙耀亮、张国顺四人乘谢晋元不备，一拥而上，用日伪提供的匕首以及铁镐等凶器向谢晋元胸部及头部猛刺狠击，谢晋元当即倒地。官兵们捉住凶手后，马上给工部局打电话，将谢晋元送往医院进行抢救，后因流血过多，抢救无效而牺牲，时年仅 36 岁。孤军营官兵失去了自己的好统帅，失声痛哭。凶手郝鼎诚等当场被擒，后被处决。

谢晋元被刺身亡的消息传出，上海各界哀痛至极。他们纷纷涌进孤军营向他致敬，瞻仰他的遗体，三天内达 25 万人，道路为之阻塞。4 月 25 日，举行棺殓仪式。全国各地纷纷致电谢晋元的家属，各界联合举行了大规模的追悼会，蒋介石通电各军师官兵悼念谢晋元。5 月 8 日，南京政府追认谢晋元为陆军少将。

谢晋元的遗体入殓后，就安葬在孤军营内。1983 年迁葬万国公墓"名人墓区"。为了纪念谢晋元，上海有以他的名字命名的晋元路、晋元公园和晋元高级中学。为弘扬将军精神，蕉岭县人民政府也先后多方筹措资金兴建了晋元大道、晋元大桥、晋元中学、晋元纪念亭碑和谢晋元纪念馆、谢晋元将军塑像等纪念性建筑。

马本斋：

母子两代英雄

抗日战争时期，在华北平原上，活跃着一支以回民兄弟为主组成的抗日部队——回民支队。这支部队屡建战功，威震敌胆，给日本侵略军以沉重打击，被八路军冀中军区誉为"无攻不克，无坚不摧，打不垮，拖不烂的铁军"。毛泽东称其为"百战百胜的回民支队"。[①]这支回民支队的司令员就是马本斋，2009 年他被中央宣传部、中央组织部等 11 个部门评选为"100 位为新中国成立作出杰出贡献的英雄模范人物"。

马本斋的经名是尤素夫·马本斋，学名马守清，男，回族，1902 年 2 月出生于河北献县东辛庄一个贫苦的回民家庭。父亲马永长，母亲白文冠都是贫苦农民，

▲马本斋

---

① 穆成林编著：《开国元勋眼中的抗日英烈》，中共党史出版社 2005 年版，第 211 页。

全家 13 口人，靠租种别人的几亩薄田，打短工、扛活维持生活。马本斋很小就知道帮助大人干活，每天不是拾柴、打草就是挖野菜。马本斋的母亲心地善良，常给孩子们讲苏武牧羊、岳母刺字、木兰从军的故事，对幼小的马本斋产生了深深的影响。由于家中贫穷，母亲借钱让他读了几年私塾。马本斋非常珍惜读书的机会，读书十分刻苦，《百家姓》《三字经》《千字文》等都背得滚瓜烂熟。后来因为家境日艰，念了三年便被迫辍学，帮助父亲种地。1918 年家乡大旱，为了生存，马本斋跟随父亲外出做工，起初父子二人在张家口一带以炸油条为生，后辗转到内蒙古给人放马。其间他们四海为家，各处奔走，增长了见识，开阔了视野，五四运动期间风起云涌的学潮、工潮，使出生农家的马本斋大开眼界，耳目一新。1921年冬天，19 岁的马本斋经朋友介绍加入了东北军张宗昌的部队，进入部队后，他认真操练，刻苦勤奋，枪法越来越准。当时军中多是目不识丁的文盲，马本斋因读过几年私塾，粗通文墨，可谓能文能武，半年后就被升为班长，后不久又被提升为排长。1922 年，他被选送到东北讲武堂受训，在那里他受到了严格的军事训练，掌握了系统的军事知识，1924 年 9 月期满，因为成绩优秀，被提升为连长。回到部队后，恰逢第二次"直奉战争"爆发，他被任命为担负后勤运输的"杠子营"营长。

1928 年春，马本斋率"杠子营"随刘珍年的部队开到胶东莱阳。在一次战斗中，马本斋运用强攻和奇袭相结合的战术，取得了胜利，被任命为奉军独立 21 师第四团团长。后来，随军驻防胶东牟平一带。1928 年，张宗昌被蒋介石的北伐军击败，其将领刘珍年乘机脱离张宗昌部，割据胶东，马本斋所在部队归刘珍年节制。1928 年，张学良易帜拥蒋，自成体系的刘珍年在山东战胜张宗昌、褚玉良联军后，5月被蒋介石任命为团长。1931年9月，日本关东军发动九一八事变，侵占东北全境。东北军执行蒋介石的"攘外必先安内"的政策，一枪未发撤到关内，把东北数千万父老乡亲置于日军铁蹄之下。各路军阀各怀鬼胎，只图自保。马本斋早就不堪忍受军阀混战带给人民的深重灾难，九一八事变之后因不满蒋介石的不抵抗政策，决心不再混迹官场，不久他辞去团长之职，弃官回乡。回家后，他奋笔疾书，抒写了自己的男儿情怀：

> 风云多变山河愁，
> 雁叫霜天又一秋。
> 男儿空有凌空志，
> 不尽苍江付东流。①

1937年7月7日卢沟桥事变爆发，日本侵略军铁蹄踏进平、津，接着继续南侵。马本斋的家乡河北献县一带也遭受了日本人的践踏。一天，东辛庄的几位老人来找马本斋，希望他能够出面组织部队保护村民。马本斋早就有了组建抗日队伍的心意，老人的话说到他的心里去了。马本斋开始向村里的家乡父老宣传抗日救亡运动，动员青壮年参加抗日队伍。经过商议，队伍就起名为"回民义勇队"。1937年8月30日上午，东辛庄的清真寺里锣鼓喧天，院中老松树上悬挂着一张墨迹未干的揭帖："主助俺，伊斯兰，只因日寇侵中原。回族男，猛虎胆，专打鬼子保江山。"马本斋走上大殿，挥动双臂，高声说道："乡亲们！日本鬼子打过来了，他们杀我们的人，抢我

---

① 李仲明：《抗日英雄马本斋和回民支队》，中国友谊出版公司2001年版，第2页。

们的东西，烧我们的房子，此仇不能不报，咱们组织义勇队就是要坚决同鬼子干到底！不愿当亡国奴的，到我这里报名。"刚说完就有六七十个青年报了名。有六七十人的抗日武装回民义勇队就成立了，大家一致推选马本斋为队长。

▲马本斋创建的八路军回民支队在操练

义勇队成立后，马本斋带领队伍进行军事训练，摸爬滚打，起早贪黑。半月后，回民义勇队迎来了第一次战斗。据情报员侦察，日本驻河间的三本联队第二天拂晓要开往沧州方向，路过东辛庄村北公路。第二天清晨，马本斋的回民义勇队埋伏在村北的子牙河大堤两边的灌木丛中。日军卡车路过时，埋伏好的回民义勇队员一跃而出，向日军的汽车冲去，用大刀狠砍猛扎，一举消灭了车上的 6 名敌人，缴获三八大盖 18 支，盒子枪 5 把，子弹几百发，手榴弹几十枚。马本斋带领队员们将前清时期淹没在子牙河里的一口千斤大钟打捞起来，造了 16 支火枪，20 门"大抬杠儿"（土炮）。这种土炮一丈多长，炮口如大茶杯，里面装满火药、铁砂子和铁碎片。点火后，铁砂、铁片随火舌喷出，近距离的杀伤力很大。一次，住在东辛庄下游 20 里沙河镇的日军、汉奸 50 多人乘汽车向东辛庄开来，马本斋的回民义勇队就是用这种"大抬杠儿"将敌人消灭的。回民义勇队在马本斋的带领下，打了几次小仗，打死、打伤了一些鬼子和汉奸，还缴获了部分枪支弹药，队伍也由初建时的六七十人变为近 200 人。

　　1938 年清明节后的第二天，日伪军 200 人进攻东辛庄，他们把回民义勇队包围在西圩门的芦苇塘，形势十分紧急。幸亏八路军郭陆顺团长率部前来救援，打垮了敌军，回民义勇队才得以脱险。看着八路军战士冲锋陷阵的阵容和气势，马本斋内心充满了羡慕，他感到"水浅掀不起大浪，孤军作战，很难战胜敌人"，今后要想开展更大规模的抗日斗争，靠单枪匹马恐怕不行，跟着共产党走才是正道。不久，八路军中国共产党冀中回民抗日救国会主任刘文正来到东辛庄，带来了河北游击军司令员孟庆山的一封信，希望回民义勇队参加八路军。马本斋早就听说八路军是老百姓自己的军队，加之前不久刚刚得到八路军的救援，心存感激，得知刘文正的来意后，马本斋很爽快地就答应了。加入八路军后，回民义勇队改名为回民教导队，马本斋被任命为队长，全队有 200 多人。7 月，又与安平县的另一支回民教导队合编为回民干部教导总队，马本斋被任命为总队长，全队 500 余人。教导总队成立后，共产党员丁铁石任总队政治部主任，部队开始党组织的发展工作。在此期间，马本斋认真学习《党的建设》和《党员须知》两本教材，表达了自己入党的强烈愿望。1938 年 10 月，经丁铁石、刘世昌介绍，马本斋实现了加入中国共产党的愿望，成为党组织的一员。

　　马本斋率领回民教导总队，配合开到冀中的八路军 120

师，频频出击日伪军，三个月时间内作战 30 多次，打死打伤日伪军 500 多人，参加破路战斗 70 余次，颠覆鬼子军车 20 余列。在与 120 师配合时，回民教导队也学到了很多游击战方面的经验。

▲马本斋领导的回民支队

1939 年 7 月间，回民教导队从河间、青县转移到定县、无极一带，开辟抗日根据地。根据中共中央军委决定，回民干部教导总队改名为八路军三纵队回民支队，马本斋任司令员，郭陆顺任政治委员。马本斋与郭陆顺亲密配合，带领回民支队，开辟了无极、藁城抗日根据地，收复了白洋淀周围的大片土地。

深南地区南面是沧（州）石（家庄）公路，西面是平汉铁路，是联结冀、晋、鲁、豫广大地区的枢纽，是日寇侵华战争的战略要地。1940 年春，日军趁驻守此地的八路军主力部队南下执行任务的间隙开始猖獗起来，一方面强迫老百姓修公路、筑碉堡，另一方面采用"铁壁合围""篦梳扫荡"等战术，野蛮屠杀无辜百姓。回民支队奉命到深县以南地区坚持对敌斗争。3 月 1 日部队越过沧石路，驻扎在深南的栖凤庄。回民支队遭受了千余敌人的三面包围，马本斋指挥部队激战五小时，突出重围，指导员黄澄、中队长马逢春等 19 人壮烈牺牲，34 人负伤。马本斋和政委郭陆顺及时对部队进行了整顿，安抚战士们低落的情绪。部队里掀起学习毛泽东军事思想的高潮，毛泽东的《论持久战》成为他的口袋书。经过学习，马本斋和回民支队的干部、战士很快掌握了游击战争的新的战略战术，之后连续取得了南花盆、前磨头、程家庄、齐凤庄、马阁庄、贡家台、康庄、榆科等多次战斗的胜利。南花盆、康庄、榆科三仗是马本斋和回民支队把毛泽东军事思想具体运用于抗日游击战争的成功战例。

南花盆是位于德石铁路边的一个村庄，距离敌人的磨头据点有二三公里，是磨头敌人查路时的必经之地。马本斋决定在此打一次伏击。5 月 4 日，马本斋率领的回民支队埋伏在敌人巡查的必经之地，当 20 多个敌人巡查路过时，回民支队猛然出击，把查路敌人打了一个措手不及。同时，回民支队的另一支队伍佯装进攻磨头，敌人无法增援。这场战斗仅用了半个小时就全部歼灭敌人，缴获机枪 1 挺，步枪 10 余支。此次战役是马本斋和回民支队机动灵活、出奇制胜的战斗范例。

康庄战斗是马本斋领导回民支队打的又一个漂亮伏击战。康庄是位于衡水县城和安家村两个敌人据点之间的一个村庄，在这两个据点之间架有电话线。在摸清敌人的情况后，马本斋决定用调虎离山、声东击西的计谋，在康庄打一次伏击战。5 月 28 日夜，马本斋将回民支队分三路做好伏击准备，第一大队潜伏在安家村附近，准备佯攻安家村；第二大队埋伏在康庄，准备伏击衡水之敌；第三大队隐蔽在离康庄一里多地的邢家村，准备截击康庄逃敌。29日清晨，回民支队佯攻安家村据点，敌人赶紧打电话向衡水求援。回民支队切断电话线，使衡水、安家村两地的敌人失去了联系。衡水敌人接到求援电话后，立即派日军中队长高田率两个日军小队和一个伪军小队共80余人，赶赴康庄。埋伏在公路两侧的回民支队见敌人进了自己的埋伏圈，开始密集扫射，敌人发现被包围，慌不择路，纷纷跳进深深的护路沟。护路沟早就在马本斋的策划下被老百姓挖了有一丈多深，鬼子跌进去就上不来，开枪也打不到地面，被回民支队战士的手榴弹炸死在沟里。

康庄战斗进行了40分钟，敌人被全歼。回民支队共击毙高田中队长等日军60余人，伪军20余人，俘虏伪军5人，缴获平射炮1门，重、轻机枪4挺，掷弹筒3个，步枪60余支，以及大量炮弹子弹等，回民支队无一伤亡。

榆科战斗是马本斋和回民支队利用智谋歼敌的范例。深南榆科据点的百余名伪军，经常出来骚扰百姓，民愤极大。为了铲除伪军，马本斋将回民支队六七十人扮成皇军，以假乱真。伪军真以为是皇军到来，没有任何准备，当发现是回民支队战士们的时候，为时已晚，被击毙50余人，其他皆举双手跪地做了俘虏。

康庄等地战斗的胜利，受到晋察冀军区司令员聂荣臻的赞扬。冀中军区赠送回民支队一面锦旗，上书"能征善战的回民支队"。冀中军区在第三次政治工作会议上，为表扬回民支队整军后英勇对敌作战和坚持深南地区战斗的功绩，赠送一面锦旗，上书："打不烂、拖不垮，攻无不克的铁军。"毛泽东同志亲笔写下"百战百胜的回民支队"九个大字，表彰回民支队。

1941年，回民支队在大清河北坚持了近半年的斗争，马本斋运用"推磨战术"，在极其艰苦的环境下，围着容城转圈子，粉碎了敌人妄图消灭回民支队的企图。他们采取地道战、地雷战、破击战，有时大摆迷魂阵、推磨阵、麻雀阵，搞得敌人晕头转向。他们围景和，拿佛庄，打泊镇，攻大城，作战27次，歼敌500余人。敌人曾集结4000多人，对子牙河三角地带反复"扫荡"，回民支队战斗一个半月，把敌人弄得筋疲力尽。

日本联队长山本不堪忍受回民支队的折磨，派人送信给马本斋威胁道："有你马本斋就没有我山本，有我山本，就没有你马本斋……"马本斋看过信后，回敬他道："有你山本就没有我马本斋，有我马本斋就没有你山本……"山本见武力和威吓都不能让马本斋妥协，于是便采纳了叛徒哈少甫的毒计，将马本斋的母亲抓住作为人质。1941年8月5日，日军和伪军500多人，从河间、献县、沙河镇出发，分三路包围了东辛庄。马母和一些群众躲进了村外东南洼的高粱地。敌人一进村直奔马家，屋内空无一人。气急败坏的日军将来不及转移的乡亲赶到清真寺里，逼问

▲抗日英雄马本斋的母亲白文冠

谁是马本斋的母亲，愤怒的百姓不肯说，敌人就用皮鞭和木棍进行拷打，当场打死三名群众。敌人找不到马母，恼羞成怒，正要屠杀儿童时，只听一声怒喝"住手！"马母从高粱地里走过来，高声怒斥："日本强盗！你们不是要找马本斋的母亲吗？我就是！你们不要杀害老百姓，冲我老太婆来！"

马母被抓到河间后，任凭敌人如何威逼利诱，毫不动摇。山本指使哈少甫和伪县长孙蓉国逼迫马母给马本斋写信劝降，马母大义凛然，怒斥道："我儿子抗日，我死了也光荣！不像你们这些无耻的奴才！卖国投降，玷污了伊斯兰教！"这位可敬的英雄母亲，为了坚定儿子的抗战意志，毅然选择了绝食，用以死报国的民族精神，激励儿子和回族子弟抗日到底。马母在绝食七日之后，壮烈殉国。① 马母绝食殉国的消息传遍了冀中平原，八路军指挥员朱德、彭德怀、罗瑞卿、陆定一联合致电冀中军民：

> 冀中回民支队，支队长马本斋同志的母亲，为敌人俘去，在胁迫利诱和凉水灌鼻等残酷严刑下，不仅拒绝为敌奸劝降自己的儿子，并表示决不屈服，而且严厉斥责敌人，终被折磨以死。在听到这个悲痛消息以后，我们认为像这样的大义凛然，视死如归的女子，不愧为中国人民最优秀的代表，这样惊天动地忠于中华民族的无上气节，足以愧死一切充当日寇走狗，出卖民族的衣冠禽兽，愧死一切对抗战大业表示动摇的民族败类。中国人民有这样的母亲，不仅是中国人民的光荣，回民的光荣，中国妇女的光荣，而且是中华民族绝不灭亡最具体例证。而我们八路军人中，有这样深明大义勇敢坚定的母亲，正是我们八路军的光荣。我们仅以悲愤的热忱，向马母英灵致崇敬的悼念，并向我们的马本斋同志，致以兄弟的慰问！

马本斋得知母亲壮烈殉国的消息后，怀着悲愤的心情，写下了哀悼诗：

---

① 刘贤齐：《回民支队垂青史——记八路军回民支队司令员马本斋》，载黄涛、史立成、毛国强编著：《中国共产党抗日英雄传》，解放军出版社 2005 年版，第 93 页。

宁为玉碎洁无瑕，烽火辉映丹心花。

贤母魂归浩气在，岂容日寇践中华。

他克制住内心的悲痛，继续奋勇杀敌。山本再令叛徒哈少甫回到回民支队，阴谋诱俘马本斋。马本斋识破诡计，命令警卫员将哈少甫逮捕，押送冀中军区执行了死刑。回奸马庆来再奉山本之命潜入回民支队，企图利用他和马本斋的旧交情劝降马本斋。马本斋像对待哈少甫一样，处决了认敌作父的马庆来。马庆来被击毙后，日军毒打当地回民，还用猪肉进行侮辱。马本斋拒绝与山本订立"谁也不打谁"的协定，他写信告诉山本："我与日军仇深似海，不消灭日寇，誓不甘心。"1942年，回民支队转战清县、交河、景县一带打击敌人，4月27日在与泊镇日伪军交战中，政委郭陆顺头部中弹牺牲。紧接着日军对冀中地区进行了疯狂的五一大扫荡。为了保存革命力量，马本斋带领回民支队跳出包围圈，奉命转移到范（县）观（城）濮（阳）地区，战斗在鲁西北地区，马本斋兼任三分区司令员。回民支队沉重打击了伪治安军齐子修部和莘县伪军刘仙洲部，摧毁了公路上的敌人据点二十里铺炮楼，发动地方游击队和广大群众填平了40多里的封锁沟。1943年夏，在当地民众的配合下，回民支队攻克朝城、莘县周围30多处据点，烧毁40多个碉堡岗楼，保卫和扩大了鲁西北抗日根据地。不久又配合山东根据地军民，取得了1943年夏季战役的重大胜利。1943年11月中旬，马本斋率部转战鲁西南，在濮阳县的八公桥，奇袭伪军孙良诚指挥部，俘虏伪军官兵1600余人。随后回民支队乘胜追击，拔除八公桥外围的碉堡据点，取得了反蚕食斗争的巨大胜利，巩固了冀鲁豫根据地。冀鲁豫军区党委书记黄敬称赞马本斋是"后起的天才军事家"。

马本斋带领回民支队，所向披靡，屡建奇功。在长期的战争生活中，由于营养不良，积劳成疾。1944 年 1 月，马本斋病倒在河南濮阳县，他的脖子后面长了一个疔疮，由于环境艰苦，医疗条件差，毒疮很快波及脑髓，引发急性肺炎。1944 年 2 月，回民支队接到命令，开赴陕甘宁边区，马本斋拖着病弱的身体到部队开赴延安的会场，为战友送行。2 月 7 日，无情的病魔夺去了马本斋的生命，他病逝于山东省莘县冀鲁豫军区后方医院（今河南濮阳县小屯村），终年 43 岁。

▲追悼马本斋大会

1944 年 3 月 17 日，党中央在延安隆重召开了马本斋烈士追悼会，陕甘宁边区政府主席林伯渠主持大会，叶剑英参谋长致悼词。毛泽东、周恩来、朱德分别为他题挽词："马本斋同志不死！""壮志难移，汉回各族模范；大节不死，母子两代英雄。""民族英雄，吾党战士。"叶剑英同志评价说："马本斋同志的斗争道路简单地说，一是抗日，一是团结，一是信赖党。"

家乡的人民为马本斋修建了一座烈士墓。1954 年，马本斋烈士的遗体从鲁西莘县张鲁集迁至河北省石家庄华北军区烈士陵园安葬。1956 年，马本斋的故乡被命名为"本斋回族自治乡"。

左权：

太行浩气传千古

名将以身殉国家，
愿拼热血卫吾华。
太行浩气传千古，
留得清潭吐血花。

这是 1942 年 5 月朱德为悼念左权将军写下的诗篇。

左权生前是国民革命军第八路军副参谋长，是中国共产党和八路军在抗战时期殉国的最高将领，牺牲时年仅 37 岁。他不仅是戎马一生、驰骋沙场的杰出将领，还是全军公认的军事家，在军事理论、战略战术、军事建设等方面有辉煌的建树，是不可多得的军事人才。周恩来在 1942 年 6 月 21 日《新华日报》撰文说："左权足以为党之模范。"

左权，乳名自林，学名纪权，号叔仁，1905 年 3 月 15 日出生于湖南省醴陵县平桥乡黄茅岭村的一户佃农家庭，1 岁半丧父，寡母靠纺纱织麻维持左权兄妹 5 人的生活。他很小就开始打猪草、放牛，帮助家里干活，常年在冻饿中生活。他 7 岁入塾启蒙，后入小学。1915 年，正在读小学的左权得知袁世凯接受丧权辱国的二十一条的消息，当即写下"毋忘五九国耻"的标语，在村中进行反对日本帝国主义和袁世凯的宣传。家世的清寒使左权从小奋发进取，17岁时考入县立中学，在县中读书时，曾参加共产党领导的社会科学研究社，通过阅读《新青年》《向导》等进步读物，接触到了马克思主义，萌生了改造社会的志向。1923年，18岁的左权毅然投笔从戎，和同学一起从醴陵县城中兴街（伍家巷）维新旅社出发，奔赴当时的革命中心——广州。1924年3月，他考入了广州陆军讲武堂，同年11月转入黄埔陆军军官学校，编入第一期第六大队学习。

▲1925年，左权在黄埔军校。

1925年2月，由陈赓、周逸群介绍，他加入中国共产党。黄埔军校毕业后，他被分配到黄埔军校教导团，曾任排长、连长。国民革命时期，在讨伐广东军阀陈炯明，平定滇、桂军阀杨希闵、刘震寰叛乱中，年轻的他崭露头角。1925年11月被派赴苏联莫斯科中山大学学习，1927年8月期满后又转入伏龙芝军事学院深造。1930年6月学成归国后，被中共中央派往闽西革命根据地，任中国工农红军军官第一分校（闽西分校）教育长。左权将自己的命运与中国工农红军紧紧地联系在一起，从闽西到江西，从长征到山城堡，南征北战，屡建奇功。红军主力部队改编为国民革命军第八路军后，左权又与将士们一起，深入敌后，转战华北，开始了他人生中的又一段峥嵘岁月。

这是一段在枪林弹雨中出生入死的艰难岁月。七七事变后，面对日寇全面入侵，国共两党捐弃前嫌，携手合作，双方达成协议，将红军主力改编为国民革命军第八路军，左权被任命为副参谋长。从此，他肩负起了辅佐朱德总司令、彭德怀副总司令指挥几万八路军作战的重任。1937 年 9 月，左权和八路军总部日夜兼程地奔赴华北抗日前线。此行，他们面临着极为艰巨的任务，与友军配合歼灭进犯山西的日军是其一，另外就是向太行山挺进，在广大农村开辟抗日根据地，扩大八路军的力量。毕竟陕北太狭小，几万八路军力量也有限，不向外发展，就没有生路。

▲1926 年 7 月，左权在苏联莫斯科中山大学。

路过山西洪洞县时，左权给久别的母亲写了一封信，虽然一想起含辛茹苦的母亲那布满皱纹的脸他心里就发酸，可是民族责任又促使他将个人情感深深地埋在心底，他挥笔写道："日寇不仅要亡我之国，并要灭我之种。亡国灭种惨祸，已临到每一个中国人民的头上……山西的民众，整个华北的民众对我军极表好感，他们都唤着'八路军是我们的救星'。我们也决心与华北人民共艰苦，共生死。不管敌人怎样进攻，我们准备不回到黄河南岸来。"

▲为挽救华北危局，八路军主力在朱德（站立用望远镜者）等率领下，经陕西进城县芝川镇东渡黄河，开赴抗日前线。坐者左起：左权、任弼时、邓小平。

八路军东进，在山西打了几场漂亮战役，平型关作战就是其中的典型。战前，左权据侦察获悉，日军第五师团正由广灵、灵丘向平型关进发，进而攻占太原。他立即向朱德、彭德怀报告敌情，定下在平型关开展伏击战的计划，遂令120师驰援雁门关，115师于24日冒雨向平型关急进，做好伏击准备。9月25日凌晨，平型关战斗打响，一举歼敌1000多人，击毁敌军汽车100余辆，缴获大量军用物资。这一仗，打破了皇军不可战胜的神话，在全国产生了莫大的影响，大大鼓舞了全国军民的抗战信心。11月，八路军总部转移到山西省和顺县石拐镇，毛泽东发出了创建以太行山为依托的晋察冀抗日根据地的指示，遵照总司令部的意图，从1938年2月起，朱德和左权率领八路军总部挺进太行山。早春2月，山风依然凛冽如刀，他们踏着崎岖的山路却走得热血沸腾。在临汾地区，他们与日军遭遇。当时，朱德和左权正在观察地形，敌众我寡，左权立即指挥身边仅有的两个连阻击，同时命令部属将朱德护送到 20 里外的安全地带，而他不顾个人安危，亲临前沿指挥战斗。他仔细观察敌情，认定与日军硬拼只会造成自己伤亡，只能从侧面出击，与敌周旋，伺机歼灭。就这样，左权率部与日军周旋了两天，争取了八路军在临汾的军用物资转移的时间，并掩护了 45 个村庄的群众脱险，八路军总部顺利达到安泽县刘垣。罗瑞卿曾说："在这次临汾遭遇战中，左权参谋长亲自在前沿指挥作战，侧击制胜，迄今军中仍称道此事。"

▲1938 年 2 月，朱德（后排左三）、彭德怀（后排右一）、左权（后排左一）等，在洪洞县白石村温家院接见美国记者露丝一行。

　　3 月，日军万余兵力对晋东南的八路军和抗日力量进行围攻，一个月后又分九路向太行山地区"分进合击"，企图消灭八路军主力，摧毁太行山根据地。左权又亲临前线，指挥战士们反"围攻"作战，将敌分割包围，激战一天，歼敌1500余人，并乘胜追击，连续收复武乡、沁源、安泽、壶关、长治等19座县城，把日寇赶出了晋东南，彻底粉碎了敌人九路围攻的计划，为巩固扩大抗日根据地奠定了基础。日军的围堵袭击，迫使八路军总部驻地不断迁移。1939年7月，八路军总部转移到武乡县砖壁村。左权住在一座破庙里，在他的房间里，除了墙上挂的军用地图，就是一张旧方桌和用门板支撑的小床铺。就是在这里，他与刘志兰结为伴侣，这对战火纷飞年代里的患难夫妻，一直是聚少离多，是思念、担心、共同的信念和对未来的憧憬将他们紧紧地联结在一起，化作风雨征程上无穷的力量。也就是在这里，左权指挥部队粉碎了两万余日军对北岳区的冬季大"扫荡"，击毙了被日本称为"名将之花"的中将旅团长阿部规秀。日军被迫于12月全部撤出晋察冀根据地，左权总结八路军冬季反"扫荡"取得的胜利经验，撰写了《从打死阿部中将说到敌寇这一次围攻晋察冀地区》文章。

1940年，为协助彭总指挥，左权可谓殚精竭虑。多少个夜晚，他端着蜡烛，面对地图，分析敌情，考虑战役布置，常常是通夜不眠。参加这次战役的有105个团，他对每个团的战斗任务都作了周密的划分，密切掌握着向日军发起进攻的时机，使敌人猝不及防，手足无措。从8月20日开始，到1941年1月下旬，百团大战历时5个多月，仅前三个月，八路军共进行大小战斗1824次，毙伤俘日伪4万余人，打破了日军的"囚笼"政策，严重破坏了正太路，使敌军交通线瘫痪了一个月之久。百团大战振奋了全国军民的抗战信心，提高了共产党八路军的声威。左权及时总结作战经验，发表了《论百团大战的伟大胜利》一文。

1941 年 11 月，日军 36 师团和独立第 1、第 4、第 9 混成旅团从山西黎城疯狂地向黄崖洞、水腰地区袭击，企图一举摧毁八路军兵工厂和八路军总部机关。黄崖洞地势险要，峭壁、深涧和狭小的入口使这里相对易守难攻，八路军水腰兵工厂的仓库就设在依着石壁的山洞里。情势危急，左权亲自指挥黄崖洞保卫战，指示总部特务团"要不骄不躁，不惶不恐，以守为攻，以静制动，杀敌制胜"。他根据地形特点，指挥部队用"咬牛筋"的战法在从山口到腹地的三道防线上顶住敌人，他指挥部队先在山口处顶两天，刹住敌人进攻势头，再在第二道防线顶两天，不断杀伤敌人，最后再上高山，等待增援部队赶到，对敌进行反包围，以杀伤敌人。经过八昼夜的激战，八路军总部 1500 余人抗击了 5000 多日军的进攻，歼敌 1000 余人，粉碎了敌人的进攻，取得了黄崖洞保卫战的辉煌胜利，被中共中央军委在《一九四一年战役综合研究》中誉为"1941 年以来反'扫荡'的模范战斗"。

左权不仅有丰富的作战经验，而且有着深厚的军事理论，善于从战争中学习战争。他既亲临前线指挥作战，又长于将实践上升到理论，有着深厚的军事理论素养。在戎马倥偬中，他依然孜孜以求，广收博采，著书立说。从 1939 年到 1941 年，他利用战争间隙撰写了《论坚持华北抗战》《埋伏战术》《袭击战术》《战术问题》《论军事思想的原理》等文章，在军事理论、战略战术、司令部工作、后勤工作诸多方面皆有建树。① 周恩来评价他"是一个有理论修养，同时有实践经验的军事家"。

---

① 穆成林编著：《开国元勋眼中的抗日英烈》，中共党史出版社 2005 年版，第 145 页。

▲1941年春，左权在黎城县黄崖洞军工厂。

巍巍太行山横亘于山西河北交界，历来为华北平原的屏障。八路军太行山根据地在此建立、发展，直接威慑着日本占领下的平汉、正太铁路，使日军在华北的统治无法安宁。日军曾多次对根据地发动进攻，"扫荡"，企图破坏根据地，摧毁华北抗日指挥中枢——八路军总部，却是屡战屡败。太行山根据地依然顽强地坚持着，八路军总部虽然驻地经常更换，但总没有离开太行山，如同一株大树，巍然挺立。1942年5月，日军的又一次大"扫荡"开始了。当时在整个亚洲、太平洋战场上，正值日本进攻势头凶猛之时，世界反法西斯战争和中国抗日战场都处于严峻关头。敌后根据地由于日军"三光"政策，面积萎缩，人员锐减。此次当驻华北的日军山西派遣军对太行山区展开大"扫荡"的时候，整个后方除少数正规部队外，只有警卫人员和非武装人员，兵力极少。左权已感到了这次反"扫荡"的严重性，他布置任务时说，敌人这次拼了血本，妄图把我们消灭在太行山上，我们目前的处境是相当艰苦的。但我们一定要保护首长的安全和全体人员的转移，彻底粉碎敌人的阴谋。告诉同志们，太行山压顶也不动摇！

5月22日夜晚，左权已将各部队的任务布置完毕，心情稍安。初夏之夜，天凉如水，灯下凝思，他不由得又想起了远在延安的妻子刘志兰和女儿太北，虽然不久前他刚给妻子写了信，此刻又拂纸挥笔，倾诉衷肠。

志兰：

就江明同志回延安之便，再带给你几个字。

乔迁同志那批过路人，在几天前已安全通过敌人封锁线，很快可以到达延安，想不久你可看到我的信。

希特勒"春季攻势"作战已爆发，这将影响日寇行动及我国局势，国内局势将如何变迁，不久或可明朗化了。

我担心着你及太北，你入学后望能好好地恢复身体，有暇时多去看看太北，小孩子极需人照顾的。

此间一切正常，惟生活则较前艰难多了。部队如不生产，则简直不能维持。我也种了四五十棵洋姜，还有二十棵西红柿，长得还不错。

想来太北长得更高了，懂得很多事了。她在保育院情形如何，你是否能经常去看她，来信时希多报导太北的一切。在闲游与独坐中，有时总仿佛有你及太北与我在一块玩着、谈着。特别是太北非常调皮，一时在地下，一时爬到妈妈怀里，又由妈妈怀里转到爸爸怀里闹个不休，真是快乐。可惜三个人分在三起，假如在一块儿的话，真痛快极了。

重复说，我虽如此爱太北，但如时局有变，你可大胆地按情处理太北的问题（可以给养其他同志或群众家中均可），不必顾及我一切，以不再多给你受累，不再多妨碍你的学习及妨碍必要时之行动为原则。

志兰，亲爱的，别时容易见时难，分离二十一个月了，何日相聚，念念、念念。愿在党的整顿三风下各自努力求进步吧！以进步来安慰自己，以进步来酬报别后衷情。

不多谈了，祝你好！

叔仁

5 月 22 日晚①

这是左权将军写的最后一封家书。

▲左权将军全家福，左一为左权夫人刘志兰，
中为女儿左太北，右为左权。（1940 年 8 月
摄于山西武乡砖壁村八路军总部。）

---

① 左太北主编：《左权将军家书》，解放军出版社 2002 年版，第 52—53 页。

　　一天后，大转移开始。日军在太行山扫荡多次，一直没有找到八路军总部，便集结 3 万多兵力采取"铁壁合围"战术。5 月 25 日，部队正在辽县麻田十字岭吃早饭，敌人突然从两翼包围上来，并伴以飞机大炮肆意轰击。左权站在山峰上，指挥部队坚决阻击两翼敌人，因机关人员多，目标大，行动不便，彭德怀、左权决定分头突围。左权亲率总部直属部队和北方局向北突围，罗瑞卿率政治部向东南突围，杨立三率后勤部向东北方向突围。左权首先派作战科长王政柱护送彭德怀到安全地带，而彭德怀执意不从，坚持要同大家一起突围。左权对彭德怀说："事关重大，你安全突围出去就是胜利，我直接指挥机关突围就行了。"他让警卫员硬把彭总扶上马，目送他离去。到中午时分，他已在十字岭指挥部队连续打退了敌人的几次冲锋。太阳沉沉地西落了，各机关人员终于突出了重围。左权仍然坚守在十字岭，大家几次要他离开，都被他拒绝，他要率领最后突围的战友们一同冲出，当他带领部队冲到敌人最后一个封锁点时，突然，一颗炮弹落在他身旁，击中他的头部，这位年轻的八路军参谋长倒下去了。战士们不顾一切地跑过来，左权已停止了呼吸。他们噙着泪水，从左权身上取下他心爱的左轮手枪，默默地将遗体安放在十字岭上的一堆灌木丛中，在上面盖满了青枝绿叶。

　　为纪念左权，1942 年 8 月 26 日，晋冀鲁豫边区政府发布通令将山西辽县改名为左权县。1942 年 10 月 10 日，左权公葬仪式在涉县举行，八路军副总司令彭德怀亲笔撰写并手书了《左权同志碑铭》。1950 年 10 月 21 日，左权将军殉国八年后，灵柩由涉县迁至河北邯郸市晋冀鲁豫烈士陵园，里面设有左权墓和左权纪念馆。

戴安澜：

黄埔之英，民族之雄

"枪，在我们肩上；血，在我们胸膛。到缅甸去吧，走上国际的战场……"这是1942年中国远征军赴缅作战时唱的歌。甲午以来，中国军队到国境以外去作战，这是第一次；而出境到外国去帮助友军作战，这是有史以来的第一次。中国远征军，这支被英军称为中国"草鞋兵"的队伍，在滇缅战场上多次给英军以有力的支援，创造了同古保卫战、斯瓦阻击战、仁安羌解围战、棠吉收复战等出色的战例，又取得了缅北、滇西反攻战役的胜利，令中外瞩目。然而，有战争就有伤亡。在缅北、滇西的崇山密林中，长眠着数万远征军官兵的忠骸。被周恩来誉为"黄埔之英，民族之雄"的戴安澜就是他们中的一位，有所不同的是，他最后回到了他的故乡。

戴安澜，幼名衍功，学名炳阳，号海鸥。1904年11月21日出生于安徽无为县仁泉乡风和村一个耕读之家。兄弟姐妹六人，戴安澜排行第三。他幼年受父亲影响较深。其父戴礼明，性格豪爽，为人热情、善良，急公好义。他以养鸭为生，时常随戏班献唱，常以戏中人物的忠义奸佞、善良邪恶作例范，对戴安澜谆谆教诲。戴安澜深知家庭生活的艰辛，求学不易，所以更加用功苦读，学习成绩优异。戴安澜 7 岁入私塾，14 岁时入桐城著名人士周绍峰先生门下，周先生注重学生的学识、道德、气节教育，使戴安澜受益匪浅。周先生对他也是珍爱有加，常对人说："此子禀赋优异，后必有成。"青年时期，戴安澜在辛亥革命、五四运动的影响下，积极投入到了新文化的潮流。1922 年，戴安澜考入安徽公学高中部就读，深受陶行知所传播的新思想、新文化的影响，在政治上逐渐成长起来。一年后，家人因时局动荡，对他一人在外放心不下，便令他回乡。后来，在远房叔祖父戴端甫（时任广东粤军团长之职）的鼓励和帮助下，投笔从戎报考了广州黄埔军校第一期，他顺利通过了文化考试，但由于身体瘦弱，没有被录取。他拒绝了叔父的保荐，决定一切从零开始，参加了国民革命军，当了二等兵。在部队里，他努力锻炼身体，坚持每天用冷水冲凉来增强自己的体质。为了表达自己立志救国救民、力挽狂澜的决心，他将自己的名字改名"安澜"，号海鸥，意为像海鸥那样搏击风雨。[①] 1926 年 1 月，黄埔军校毕业后，在国民革命军总司令部任排长，后历任中央军校少校区队长、教导第二师迫击炮连

▲黄埔军校第三期步科学生戴安澜

---

① 穆成林编著：《开国元勋眼中的抗日英烈》，中共党史出版社 2005 年版，第 155 页。

连长、营长、中校团副、团长。1932 年冬，调任第十七军 25 师 145 团团长。

1933 年 2 月，戴安澜率部由徐州一带北上，参加长城抗战，奉命增援古北口守军。戴安澜率部浴血奋战三昼夜，连续击退敌人多次进攻，并在敌人进逼、通讯中断、师长负伤的危急情况下，率部掩护师部调整阵地，稳住阵线，为抗战初立战功。在撤退中，戴安澜团的一个军事哨所因远离主力，在变换阵地时没有来得及撤退，仍在原地继续战斗，先后毙伤日军百余名。敌人恼羞成怒，用飞机大炮联合轰炸，整个哨所被日军炮火击毁，七名战士在顽强拼搏中全部阵亡。日军占领哨所后，发现只有七具尸体，便将七位战士尸体掩埋，并插上了"支那七勇士之墓"的木牌。在这次战役中，145 团勇猛顽强，狠狠打击了日寇，戴安澜团长自身也负伤了，由于他指挥出色，战后获三等云麾勋章一枚。

卢沟桥事变爆发后，举国上下，同仇敌忾，国共两党团结合作共同御敌，掀起全国军民抗日热潮。戴安澜率部由陕西礼泉到兴平，沿陇海线东进，奔赴抗日战场。东到西陵，他看到了汉武帝墓和霍去病墓前"马踏匈奴"的石刻，感慨颇深："黄帝的子孙，今天是我们奋斗的日子。勇进就是生存，怯退就是毁灭。决不容徘徊犹豫！敌人决不会恩惠！祖国的存亡，完全操之于我们自己……我们不要问敌人力量如何？要先问自己的志气如何？我们有五千年的文明历史，是不会亡国的。兴亡是我们应负的责任！我们只有决心前进以扬威于世界，列祖列宗之灵，当可含笑九泉。"

1937 年 8 月，145 团在河北完县驻扎下来，戴安澜升任第十三军 73 旅旅长。随后，率部参加了保定漕河之役，彰德漳河争夺战和太行游击战，出奇制胜，屡创日寇。上海、南京沦陷后，他忧心如焚，决心"奋勇杀敌，以尽吾之责任"。1937年11月，他领取了1500元薪金，随即就捐出了1000元，500元寄回家中。在给家兄的信中，他写道："回思国家当此危急存亡之时，而身为军人，不能保土卫民，拿此巨薪，于心何忍?!"因专心军务，他几过家门而不入。

1938年3月，在鲁南会战中，戴安澜更是发挥了卓越的指挥才能，率部与第25师一起猛攻峄县之敌，一起歼敌一半。随后奉命协助友军截击由临沂南下的日本援军，大战两昼夜。4月，在台儿庄战役中，扼守据点，苦撑旬日，火攻陶墩，智取朱庄，激战郭里集，为台儿庄战役胜利立下了汗马功劳。台儿庄战役后，日军又进犯中艾山，戴安澜率73旅奉命坚守，激战四昼夜，击溃日军数十次猛攻，敌终未得逞。时敌电台称"中国军队有一俄国教官，指挥有度"。这位所谓的俄国教官实是体态魁梧的戴安澜，他亲临前线指挥，让敌人错以为是俄国教官。台儿庄战役后，戴安澜荣获国民政府颁发的华胄荣誉奖章。随后升任第89师副师长兼第三十一集团军总部干训班教育长。

两个月后，戴安澜率部参加了武汉会战，在江西瑞昌至湖北阳新一线，阻击日军主力第9师团，又立战功。1939年1月，在湖南湘潭，戴安澜接替杜聿明，升任第五军200师师长。第200师的前身是1936年国民政府军队初创机械化部队时的一个战车营。全面抗战开始后，扩充为装甲团，杜聿明为团长。1938年春在湖南湘潭扩编为第200师，编内有两个战车团和两个摩托化步兵团。杜聿明任师长，并有苏联军事顾问帮助训练。1939年1月，以第200师为基干扩编为第五军，杜聿明任军长，戴安澜任第200师师长。他深知责任重大，在就职典礼上他表示"竭尽全力，练成劲旅，为国驰驱，歼彼倭寇"。

1939 年 11 月，在广州、武汉相继失陷以后，日本为截断从广州至越南的国际交通线，急速派遣海、空军向从北部湾龙门港、企沙登陆，沿邕钦公路北进，进占南宁及其北面的昆仑关。昆仑关地势险要，易守难攻，位于南宁市北面 45 公里处，周围重峦叠嶂，谷深坡陡，狭窄而曲折的昆仑古道盘绕在峰峦之间，是"一夫当关，万夫莫开"之地。第五军担任主攻昆仑关的任务。第二军的 200 师和荣誉 1 师担负第一线正面攻击任务。据守昆仑关的日军是号称"钢军"的第 5 师团 12 旅团两个联队，约 6000 人，多系日本山口县人，秉性凶悍，气焰嚣张。面对强敌，戴安澜镇定自若，在全面摸清敌情的前提下，周密布防。战前，他发出豪言："中国古时有状元三鼓夺昆仑之佳话，吾拟元旦夺取昆仑关。"

▲ 正在向昆仑关发起攻击的第五军战士

从 1939 年 12 月 17 日到 31 日，中国军队三次收复昆仑关。戴安澜率第 200 师参加了第一次和第三次的战斗。第一次是和荣一师一起完成正面攻击任务，不仅坚守了四一二高地，还攻占了日军守卫的六五三和六〇〇高地，由此直驱昆仑关。第三次也是和荣一师配合，担任对界首北侧和同兴北侧据点的攻击。界首，位于昆仑关北端，是日军防守关口的一个坚固据点。第 200 师以惨重代价攻占了界首阵地后，戴安澜将军也身负重伤，此次战役为第三次夺占昆仑关打开了道路。

▲1939 年，第五军 200 师师长戴安澜出征前摄于全州。

一个月的苦战，共歼战 6000 余人，缴获甚多，并击毙日军旅团长中村正雄和联队长三木吉之助，写下了抗战史上辉煌的一页。昆仑关大战之后，国内外报刊详细报道了大战经过，盛赞戴安澜师长指挥有方，日本的新闻广播机构也认为此次战役为开战以来未有之壮烈。戴安澜因战功荣获四等宝鼎勋章，在南岳军事会议上，总结昆仑关之战绩时，被称为"当代之标准青年将领"。

戴安澜博学多才，是一名勇谋兼备的将军。战场上威猛如虎，平时则温文尔雅，涉猎群书，且常有著作问世，兴之所至，还常赋诗寄情，可谓是一名儒将。1937 年 6 月，他写了一本书，总结古北口战役的教训，取名《痛苦的回忆》，因为"长城之役迄今四年，而印象新鲜，犹如昨日。此盖因死难袍泽惨烈情形感人至深而动人至切，每一回忆痛苦万分，故撰此书定名为《痛苦的回忆》，亦示永久不忘之意耳。"1939 年，戴安澜著《磨砺集》，两年后撰成续集，阐述战略、战役、战斗等军事原则，总结军事教育的教训，是他投笔从戎以来所有心得的结晶，曾作为训练第 200 师的教本，激发战士爱国热情，坚定抗战必胜的信念。多年的潜心学习，战场历练，使戴安澜对于立身处世，生死荣辱看得很透、很淡。他曾有下面的名言："人我之际要看得平，平则不忮；功名之际要看得淡，淡则不求；生死之际要看得破，破则不惧。人能不忮不求不惧，而无往而非乐境而生气盎然。""治军欲使知哉，必须道之以德，齐之以礼，明之以刑。"在他的严格训教下，他的部队以纪律严明、富有战斗力而受到驻地百姓和上级的赞扬。

1941 年 12 月，太平洋战争爆发，日军势力凶猖一时，先后占领菲律宾、印度尼西亚、泰国等中途岛以西广大地区，更于泰国聚集 10 万人马，企图攻占缅甸，断绝中国的国际交通线。当时驻扎在这一带的英军不进行抵抗，我西南边陲日益孤立，抗日的唯一国际补给线有被切断的危险。为阻止敌人进犯，1942 年 2 月，应盟国之约，国民政府派出由第五军、第六军、第六十六军组成的中国远征军，赴缅作战。

早在 1941 年初，戴安澜听说有出国远征的使命，喜出望外地说："如能出国远征异域，始偿男儿志愿。"① 同年 12 月，驻守昆明的第 200 师奉令开赴滇西保山，准备入缅。1942 年元旦清晨阅兵时，戴安澜鼓励部属"发扬国威，增进学历，排除惰性，健强体魄，英勇杀敌，为国争光"。在保山待命期间，除加紧训练部队外，戴安澜又深入芒市、遮放、畹町一带调查地形、交通与当地傣族生活状况，为出国作战进行准备。

---

① 王成斌等主编：《民国高级将领列传》（第一集下），解放军出版社 2003 年版，第 658 页。

1942 年 3 月，戴安澜率部向缅甸开进。第 200 师的官兵身穿草黄色单军装，脚穿草鞋，背挂斗笠，肩挎武器，高唱由戴安澜师长亲自谱写的《战场行》（远征军战歌），翻越横断山脉，飞渡怒江天险，途经龙陵、芒市、遮放等地，由畹町进入缅甸。沿途各族民众和缅甸华侨在滇缅公路沿线热情慰问、热切欢迎。这一切让戴安澜异常感奋，在行军途中吟成七绝二首：

> 万里旌旗耀眼开，王师出境岛夷摧。
> 扬鞭摇指花如载，诸葛前身今又来。

> 策马奔车走八荒，远征功业迈秦皇。
> 澄清宇宙安黎庶，力挽长弓射夕阳。

戴安澜率第 200 师日夜兼程，于 3 月 7 日到达同固（东瓜）。同古南距仰光 250 公里，北距曼德勒 320 公里，是仰曼铁路沿线的重要城市和战略要地。第 200 师奉命固守同固，粉碎敌人的正面进攻，截断敌人由仰光向曼德勒入侵的道路。当时仰光已经失守，同固成为军事战略重镇，但它处在一片全无依托的广漠平原，是易攻难守之地。针对不利地形，戴将军不顾旅途劳累，立即部署作战计划。17 日，驻同古英军移交防务撤离。戴安澜率孤军深入，奉命固守同古 10 天，以待后续部队开进缅甸。

日军占领仰光后，兵分三路向北推进。中路日军进犯缅甸的第二大城市曼德勒。3 月 19 日，中路日军 55 师团担任搜索任务的摩托车队到达第 200 师的同古以南的皮尤河前哨阵地。日军在追击英军的过程中，轻敌冒进，第 200 师埋伏在皮尤河大桥下，做好爆破准备，当日军摩托车队快速疾驰上桥的时候，第 200 师埋伏的战士迅速引爆炸弹，大桥瞬间塌陷，使敌

▲同古前线的中国炮兵

人遭受入缅以来第一次重大损失。此次战斗毙敌 20 人，缴获
步枪 11 支，机枪 2 挺，摩托车 19 辆，并从一个被击毙的日军
少尉身上获得敌军兵力配备图和文件数份。这是日军入缅以来
首次受到中国军队的教训。皮尤河前哨战成功掩护了英国驻缅
军队的安全撤离，英国军官激动地赞扬第 200 师的官兵，他们
情不自禁举起大拇指称赞："你们打得好！你们打得好！" 3 月
20 日，同古保卫战打响，第 200 师紧接着又投入到这场战斗
中。日军在飞机和大炮掩护下向皮尤河北岸第 200 师主警戒阵
地发动攻击，三天之内，进攻达 10 多次。同时，日机连日轰
炸同古城，全城房屋被炸成一片瓦砾。3 月 22 日，第 200 师前
哨部队主动撤至同古以南约 12 公里的鄂克春既设阵地。在这
里，第 200 师构筑了许多堡垒和隐蔽得十分巧妙的射击点，予
敌以重创。22 日，敌人开始以主力进攻鄂克春最猛烈的时候，
几百敌人被围在村子里，四周都是丛生的灌木，弥漫的野草，

中国军队便燃起了火炬，团团围着烧了起来。里面的敌人着了急，拼命想突围逃走，可是火的外围都是机关枪和手榴弹，这几百个敌人几乎没有生还的。3 月 23 日，日军集中 12门大炮，坦克、装甲车七八辆和 20 余架飞机，掩护步兵攻击鄂克春阵地。第 200 师以步骑兵配合向敌侧反击，炸毁敌坦克、装甲车各两辆，汽车七辆。晚八九时，敌人再次进攻，第 200 师拼死抵抗，双方彻夜对战。

日军来势凶猛，戴安澜要求全师做好在重兵包围下孤军作战的准备，下定决心死守同古，不惜以牺牲换取缅甸和祖国的和平与安全。他将生死置之度外，并给妻子留下遗书一封。

亲爱的荷馨：

余此次奉命固守同古，因上面大计未定，与后方联络过远，敌人行动又快，现在孤军奋斗，决以全部牺牲，以报国家养育！为国战死，事极光荣。所念者，老母外出未能侍奉，端公仙逝未及送葬，你们母子今后生活，当更痛苦。但东靖澄篱四儿，俱极聪俊，将来必有大成，你只苦得数年，即可有出头之日矣！望勿以我为念。又我去岁所经过之事，实在对不起你，望你原谅。我要部署杀敌，时间太忙，望你自重，并爱护诸儿，侍奉老母。老父在皖，可不必呈闻。手此即颂心安。

安澜手启
三一年三月廿二日

他又给负责军需工作的徐子模、志川、王尔奎写信，对身后的事做好安排，请他们予以关照。信中说："我们或为姻戚，或为同僚，相处多年，肝胆相照，而生活费用，均由诸君经手，余如战死之后，妻子精神生活，已极痛苦，物质生活，更断来源。望兄等为我善筹善后；人贵相知，贵相知心，想诸兄必不负我。"

3月24日，日军的攻势更加凶猛，且又遣来大批援军。抱着必死之心的第200师在师长戴安澜的指挥下，不顾敌机的轰炸和扫射，与敌激战，伤亡惨重。夜晚时，机场失守，同古与后方的联络通道被切断，同古南、北、西三面被围，30余架敌机对阵地进行狂轰滥炸，同古几乎夷为平地。戴安澜连夜调整部署，集中全师兵力保卫同古城，与敌顽强抗争。他庄严宣布："如师长战死，以副师长代之；副师长战死，以参谋长代之；参谋长战死，以某团长代之。"并命各级官佐均预立遗嘱，指定代理人，以此表达誓死斗争的决心。

3月25日拂晓，日军第55师团倾巢而出，企图将第200师压向同古城东的锡唐河予以歼灭。戴安澜率部依托城防工事沉着应战，并以火烧森林阻敌前进。26日，日军集中主力突击城西北角，将城墙炸塌，并使用糜烂性毒气。敌我双方短兵相接，发生巷战，双方伤亡均大。27日，双方展开逐屋争夺。28日，敌人继续使用糜烂性毒气，第200师部分官兵中毒。日军又于夜11时从东岸偷袭第200师师部，企图化装成缅甸老百姓混入城内，第200师识破敌人花招，将伪装敌人消灭。在当天的战斗中，我军缴获迫击炮7门，步枪100支，机枪6挺和许多防毒面具。29日，日军第55师团倾全力再次发起攻击，企图切断同古后路，围歼伤亡惨重的第200师。面对5倍于己的敌人，困守孤城，第200师已经到了最危急的关头。傍晚，军部命令第200师撤退。戴安澜指挥官兵一夜之间有秩序地撤出阵地。第200师在转移时因部署周密，指挥有力，连一个伤兵也未丢失。待天明日军进入城内时，才发现同古已是一座空城。

▲中国远征军在缅甸同古行军至某前线阵地

　　同古保卫战是缅甸防御战期间作战规模最大、坚守时间最长、歼灭敌人最多的一次战斗。第 200 师在敌人兵力和装备都占优势，并拥有制空权的情况下，与敌苦战 12 天，歼敌 5000 余人，成功地掩护了英军第一师的安全撤退，并为中国远征军后续部队的开进部署赢得了时间。第 200 师的英勇善战，获得了盟国的同声赞誉。《泰晤士报》称："同古之命运如何，姑可不论，但被围守军以寡敌众，其英勇作战之经过，实使中国军队之光荣簿中增一新页。英方各界对于华军敢死，像以手榴弹消灭敌坦克车之壮举，以及华军射击敌人之准确，无不同声赞扬。"侵缅日军司令板田中将也不得不承认："当面的敌人是中国军中最优秀的第 200 师。其战斗意志始终旺盛，尤其是担任撤退收容的部队直到最后仍固守阵地拼死抵抗，虽说是敌人也确实十分英勇。"

历经同古保卫战而疲惫不堪的第 200 师，经过几天休整后，根据上级部署，4 月 9 日戴安澜率第 200 师离开叶达西，11 日，到达平满纳，准备参加平满纳会战。正当第五军各部已部署就绪，只待一声令下发动进攻时，西路英军已循伊洛瓦底江退至仁安羌以北地区，东路友军防卫薄弱，战局恶化。平满纳会战已丧失时机，且位于中路的第五军有被截断后路、包围歼灭的危险。因而，平满纳会战被忍痛放弃。

随后，戴安澜率第 200 师奉命立即北上，在战略要地腊戌的门户——棠吉、梅谋一线设防，以确保腊戌。4 月 19 日，盟军总司令和远征军总司令因轻信英方在仁安羌和乔克柏当间有敌军 3000 人的不确实情报，改变计划，令第 200 师火速赴遥克柏当阻击日军。当戴安澜率部赶到时，却不见日军踪影。然后又昼夜兼程奔赴棠吉。但是时机已被贻误，当戴安澜率部抵达棠吉时，日军已先一日占领。4 月 25 日拂晓，戴安澜亲临第一线指挥收复棠吉。血战至午夜，棠吉克复。这一战打得异常激烈，戴安澜的随从副官孔德宏受伤，卫士樊国祥牺牲。

棠吉克复以后，蒋介石对第 200 师入缅的战功备极嘉许，国民政府颁发奖金 100 万元，远征军司令长官罗卓英也颁发奖金 50 万元。史迪威将军也对戴安澜大加赞赏，称赞他："近代立功异域，扬大汉之声威者殆以戴安澜将军为第一人。"

第 200 师攻占棠吉之后，杜聿明计划向雷列姆攻击前进，以切断向腊戌北犯的敌人后路。罗卓英却连下四道命令，要杜聿明集中兵力，准备所谓"曼德勒会战"。迫于命令，杜聿明只得下令第 200 师转移，攻占了一天的棠吉只能自动放弃。日军 56 师团先后占领腊戌、畹町，占领中国远征军入滇缅作战的后方总基地，先头部队已进犯我国境内 100 多公里，直达怒江

上的惠通桥，完成对中国远征军的战略包围，中国远征军的退
路被截断。罗卓英惊慌失措，急令驻扎在曼德勒的中国远征军
各部队向伊洛瓦底江西岸退却。史迪威、罗卓英等退入印度。

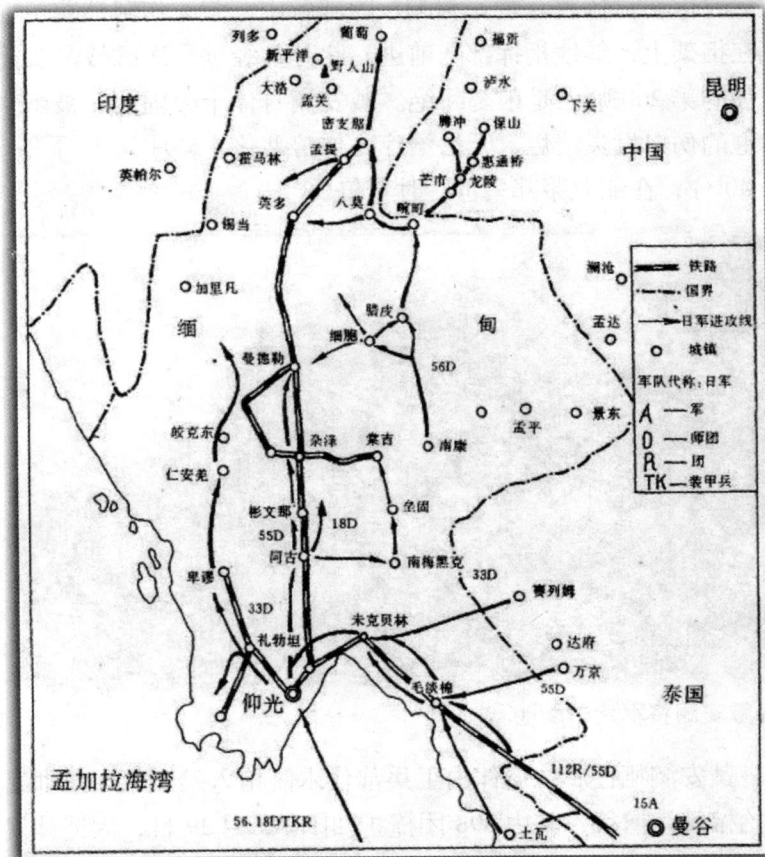

▲ 第一次远征印缅战役要图

第 200 师决定向北撤退，转移回国。回国的途程极为艰
难，要通过三条公路，两条河流，穿越亚热带原始森林。5 月
正值雨季，原始森林中气候异常恶劣，蚊子、蚂蚁、毒蛇、蚂

蟥也乘人之危，不断袭扰着行军的将士。

5月18日夜，戴安澜率部通过郎科地区的细包至摩谷公路时，与日军第56师团一部遭遇。经过彻夜激战，终于摆脱了敌人，但伤亡惨重。戴安澜胸、腹部各中一弹，伤势严重。他躺在担架上，继续指挥部队前进。此时，经过几次激战又长途跋涉的第200师已是粮药断绝。戴安澜身体十分虚弱，被雨水淋泡的伤口发炎溃烂，无法治疗，伤势恶化。5月26日下午5时40分，在缅北茅邦去世，时年仅38岁。

▲戴安澜将军殉国之地

戴安澜牺牲后，遗体由工兵营伐木制棺入殓。第200师官兵抬棺继续前行，并由598团掩护回国。5月29日，因遗体腐烂，连同棺木一起火化，拣出遗骸。6月2日，冲破敌人最后一道防线，胜利回国。到滇缅边境，一位70高龄的老华侨主动献出为自己准备的楠木棺材，供将军成殓。

7月15日，戴安澜灵柩从腾冲、保山运抵昆明，各界代表集会，举行万人公祭。后又经安顺、贵阳、桂林，至广西全州，所经之处，皆空巷迎忠魂，人们无不拭泪致哀。1943 年 4 月 1 日，在广西全州香山寺，国民政府举行了万人悼念大会和国葬仪式。

1942 年 10 月 16 日，国民政府追赠戴安澜为陆军中将，并批准戴安澜的英名入南京忠烈祠。29 日，美国政府为表彰戴安澜在第二次世界大战中作出的巨大贡献，授权总统罗斯福追授戴安澜一枚懋绩勋章，戴安澜将军成为第二次世界大战反法西斯斗争中第一位获得美国勋章的中国军人。1945 年又颁发了由杜鲁门总统和史汀生陆军部长签署的授勋荣誉状。

国共两党领导人为戴安澜的殉国，纷纷赠送了挽诗、挽联。

蒋介石的挽联是：

虎头食肉负雄姿，看万里长征，与敌周旋欣不忝；
马革裹尸酬壮志，惜大勋未集，虚予期望痛何如？

毛泽东的挽诗为：

> 海鸥将军千古
> 外侮需人御，将军赋采薇。
> 师称机械化，勇夺虎罴威。
> 浴血东瓜（即同古）守，驱倭棠吉归。
> 沙场竟殒命，壮志也无违。

朱德、彭德怀联名的挽联为：

将略冠军门，日寇几回遭重创；
英魂羁缅境，国人无处不哀思。

1943 年秋，戴安澜的灵柩从广西迁葬到他的家乡安徽芜湖市赭山公园的小赭山麓。

　　1956 年 9 月 21 日，中央人民政府内务部追认戴安澜将军为革命烈士。10 月 3 日，毛泽东主席向戴安澜的遗属颁发了《革命牺牲军人家属光荣纪念证》。

▲安徽芜湖赭山公园的戴安澜将军墓。戴美政摄于 1989 年 11 月 27 日。

李家钰：

男儿欲报国恩重
死到疆场是善终

　　1935 年 8 月，蒋介石曾有言："我敢说：我们本部十八省，哪怕失了十五省，只要川、滇、黔三省能够巩固无恙，一定可以战胜任何的强敌，恢复一切的失地，复兴国家，完成革命。"四川，这个战时首都所在的省份，这个被称为民族复兴基地的地方，为抗战胜利作出了巨大的牺牲。且不说遭受频繁、持久的日机轰炸，向前线输粮输饷输丁，单说几十万川军出川抗日，众多高级将领战死沙场，成千上万川籍士兵长眠在异地他乡就让四川人民倍感自豪。第四十七军就是这众多军队中的一支，第四十七军军长李家钰就是抗日川军将士的代表。他们都是四川人民的骄傲，也是四川人民的光荣。

　　李家钰，字其相，绰号李矮子，四川省蒲江县人，1890年 5 月 17 日出生于大兴乡一户殷实的农民家庭，弟兄四人，其父李如松有水田数十亩并兼营榨油坊。李家钰幼年曾入私塾，喜欢读《左氏春秋》，13 岁考入浦江高等小学堂读书。后投笔从戎，决心以军事救国，19 岁他考入四川陆军小学堂第四期，两年后，升入四川陆军军官学堂。1913 年春，他因和进步同学一起参加反对北洋军阀的走狗四川都督胡景伊的斗争，被迫离开学校，进入南京陆军军官预备学校。在这里，他参加了孙中山领导的"二次革命"，到南京参加了柏文蔚将校团讨袁之役。1914 年，返回四川，插班入四川陆军军官学堂继续学习。李家钰聪慧刻苦，勤奋好学，颇得教官赏识。1915 年毕业后被分配到川军第四师刘存厚部服役。

▲李家钰

这一年，护国运动兴起，李家钰随军参加讨袁战斗，在泸州、纳溪等地击溃北洋军阀曹锟、张敬尧等部，战功卓著，晋升为营长。以后，又因为他英勇善战、赏罚分明而先后升任川军第三师邓锡侯部 12 团团长、6 旅旅长，第二十八军第 1 师师长、四川边防军总司令等职，在四川遂宁、乐至、安岳、潼南、简阳等地建立了自己的防区，委官征税，拥兵自重，被当地人民称为"遂宁王"。

1935 年 10 月，蒋介石整编川军，将李部缩编为两旅两团制的一个师，李家钰被任命为第 104 师师长。他痛恨兄弟阋墙，自戕手足，渴望早日团结统一，共赴国难，共御入侵之敌。1935 年，在四川的整军会议上，他表示："只有整军，才能谋中国之统一。也只有整军，才能抵御外侮，才得复兴中华民族。"

卢沟桥事变后，抗日的怒火在全国人民心中燃烧。李家钰痛感国家民族已处于危急存亡的严重关头，常常夜不能寐，同时，也为结束长期的手足自戕的战争而一致对外兴奋不已。他致电国民政府，请缨杀敌："窃惟国难至此，已达最后存亡关头，应恳钧座立即下令全国，一致动员，挥师应战，还我河山，严惩群奸，以雪公愤。职军正事整编，士气激昂，倘蒙移调前方，誓当执芟赴难。迫切陈辞，伫候训示！"①

当时，国民政府指令只让李家钰率第四十七军 10 师出川，而将第 178 师留驻西昌。李家钰再次请求全军出川，被批准。1937 年 9 月，李家钰率四十七军编入邓锡侯将军的第二十二集团军出川抗日。在父老乡亲们组织的欢送会上，他鼓励全军将士奋勇杀敌，为国效命，并咏诗明志："男儿仗剑出四川，不灭倭寇誓不还。埋骨何须桑梓地，人间到处是青山。"

第四十七军官兵从西昌出发，经成都，出剑门，徒步行军约千里抵达陕西宝鸡。到宝鸡后，乘火车经西安、郑州、新乡至博爱，再徒步行军经山西晋城、高平，于 12 月初跋涉 40 余日后，全军抵达山西抗日前线——长治。出川之际，正值农历中秋，官兵们着单衣穿草鞋，到黄河北岸时，已是初冬，官兵仍是单衣草履，人马冻僵，至河南博爱，始穿上棉衣。全军武器装备低劣，所用步枪、机枪、迫击炮等，均系川造，命中率低，且常卡壳。

抵长治后，李家钰派遣第 178 师驻守东阳关，东阳关是由河北进入晋东的门户。他自己则率军直属队和第 104 师构筑阵地工事，固守长治。1938 年 2 月，日军第 104 师旅团在飞机、坦克及优势火力的掩护下，经邯郸、武安、涉县向东阳关猛攻，想一举驱逐驻守长治的我第四十七军，进而扫平山西坚持抗战的军队。面对敌人的疯狂进攻，李家钰亲临前线指挥作战，鼓励将士杀敌报国，第 178 师将士凭借山地，依据工事，

---

① 沉度、应列等编：《国民党高级将领传略》，华文出版社 1995 年版，第 379 页。

顽强战斗了三昼夜，营长周策勋与敌肉搏牺牲，官兵伤亡甚众。当时，李家钰命令长治第104师一部增援东阳关，得知日军左翼部队正迂回向黎城抄袭时，即令援军回师，东阳关守军迅即转移，到长治集结，迟滞敌人对长治的进犯。2月19日，日军由东阳关趋长治，守军在北门依据城垛，奋力抵抗。次日午后，北门城墙被轰垮一个缺口，敌人从缺口向城上猛冲，一营连长杨显谟、夏抚涛分头堵击，冲入敌群，展开肉搏冲杀，均壮烈牺牲。日军从北门入城，占据城垣，向东西两门扩张，守军迂回猛扑，与敌展开逐屋争夺战斗和巷战，血战数小时后，不得不撤出城外。有些未能退出城的负伤官兵与敌拼杀至死，有的则宁死不作俘虏，举枪自戕。连长陈绍虞、黄高翼等壮烈殉国，副团长杜长松负重伤。长治之战，敌我伤亡均在千人以上。当时有报刊评论，虽然李军"器械不如敌军之优越，然官兵牺牲之精神，莫不令人景仰"。后黎城县政府在东阳关建"川军抗日死难纪念碑"以慰忠魂。

长治之战后，李家钰率部转移到翼城、沁水、阳城一带休整。当时，日军已席卷晋西南，占据主要城市和战略要地，主要分驻在运城、安邑、夏县、永济、虞乡等处，把守同蒲路沿线，兵力分散，正是进攻出击的好时机。于是，李家钰下令进攻安邑、平陆、芮城、运城等地，自己由绛县太阴山指挥所前进到闻喜东河底镇附近指挥。1938年4月中旬，曾收复平陆、芮城。5月，又派兵夹攻安邑，一度攻占安邑城。这年秋天，日军3000多人，配以飞机，对中条山地区进行"扫荡"，不断向运城、安邑增兵，目标直指李家钰部西沟、太宽两师师部所在地。在侯家岭阵地和陈家圪塔阵地，官兵们凭借山地构筑工事，激战终日，多次打退日军的进攻。一个名叫李发生的炊事兵，给前线送饭，遭遇到敌人与士兵们在战壕边拼刺刀，他手

▲川军抗日阵亡将士纪念碑

持扁担，猛击敌人，打死打伤数人。敌人向李发生围攻，他全身八处负伤，夺获敌人三八式步枪三支，还亲自背下战场。李家钰指挥两师人马从首尾袭击日军，使之损失惨重，不得不龟缩回城，放弃攻占茅津渡的企图。日军对中条山的第一次"扫荡"被粉碎。次年1月，李家钰下令进攻夏县城，在斐介村、大吉村及平陆县与日军展开激战，予敌以重创，进一步巩固了反"扫荡"的战果，保卫了中条山根据地。

1939年6月，日军牛岛师团，派兵2000余人，外加伪军两个支队，向李家钰部进攻。李家钰亲临前线指挥，将敌人阻击在郑家圪塔、下洞之线。敌人遂猛攻第104师西沟村阵地，李家钰令第178师向敌之侧背袭击。第104师派两个营向敌后迂回，乘机夜袭，使敌人惊恐万状，天明即西逃。李部尾追袭击，恢复原阵地。日伪军对中条山的第二次"扫荡"被粉碎。

李家钰率部进入中条山，粉碎日军"扫荡"，保卫了中条山根据地，以战功先升任第四集团军副总司令，后又晋升为第三十六集团军总司令，仍兼第四十七军军长，统辖陈铁的第十四军、高桂滋的第十七军等三个军七个师兵力。

1939 年冬，李家钰奉命调防晋城，防守太行山南麓获嘉、焦作、博爱以北山地，组成三个游击支队。第四十七军以两师驻守天井关、柳树口一线，两师师部分驻晋城南和西路口，警戒道清铁路的敌人。次年春天，道清铁路沿线日军 1000 余人，伪军 2000 余人，向太行山防区进攻，主力直指晋城。第 104 师部队战斗三日未击退敌人，李家钰率总部及军部由晋城退据北洋泉河，令第 187 师一部从侧背袭击敌人，将敌击退。

在山西抗战期间，李家钰部与八路军关系甚融洽。第四十七军武器落后，如何战胜敌人，减少自己的伤亡呢？李家钰从八路军的经验中得到启发，他急切地要学习游击战术。1938 年春，李家钰赴开封参加军事会议，返回长治时与刘伯承同行，便特邀刘伯承在长治军部住了一周，请他为第四十七军营级以上军官讲授游击战术。次年秋，他又特派侍从副官、营长等 10 余人，到翼城地区向第十八集团军部队学习游击战术。学成后，开办干部班，向全军推广。1940 年春，朱德由武乡赴洛阳开会，路过李家钰驻地，李家钰特派兵士前往迎接，并设宴款待，与朱德欢谈至夜深。当时，第一次反共高潮刚刚过去，朱德举杯问道："其相兄，他日你若奉命与我军兵戎相见，你当如何。"李家钰举杯道："我当效晋文公退避三舍，再战。"两人相视而笑。次晨，朱德一行跨越晋（城）博（爱）

公路日军封锁线时，李家钰为安全计，增派一个加强连，护送朱德至黄河渡口。李家钰经历过军阀混战和国共内战，真诚地希望所有中国军队能团结一致，对付外敌。在他看来，"不管是国民党还是共产党，只要抗日就对"，因此，他能率其所有部下出川抗日，也能心无畛域地与八路军协同配合，友好交往。

　　1940 年夏，第四十七军奉调由晋城南渡黄河，转入河南第一战区，担任渑池、陕县一带的河防，守卫黄河天险，拱卫中原。次年冬天，第三十六集团军转移防务，担任孟津、新安、渑池一线河防，阻敌南犯。总部移驻新安县北的古村。在担任河防任务期间，李家钰经常巡视前沿警戒线，率幕僚沿线勘察，加强工事，组织火力与北岸日军对峙，并积极训练部队。有时，他还派出一些队伍北渡黄河潜入敌占区开展游击战，炸毁敌人碉堡，歼灭小股日军，夺获武器装备，搅得日军不得安宁。

　　李家钰治军严明，十分注意军纪，对于违抗军令的人一律绳之以军法。一个连长虐待打骂壮丁，并克扣壮丁食粮，对患重病的壮丁遗弃不管。李家钰问明实情后，将连长当众枪毙。一位追随李家钰多年，并立过功的周姓中校副官偷吸"海洛因"被察觉，李家钰秉公执法将之处以极刑。但是，李家钰又是宽厚的，他每次召集军佐人员讲话，最爱说的就是："我其貌不扬，其身不长，然而我性坚情长，如认为鱼大塘小，我这里不能养活，如另有他心，可自寻生路，决不追究，到别处工作，或另谋职业，均不如愿而失望者，愿回原部而工作者，仍然录用决不歧视你们。"川军曾被四川老百姓称为"刮地皮"的军队。对此，李家钰感触颇深。出川抗日后，他时时注意处理好与当地民众的关系，勿使军队侵占民房，侵夺民利。三十六集团军总部移驻新安时，正遇当地遭灾歉收，李家钰便下令"厉节军粮，移济民众"。1942 年，河南出现蝗灾，李家钰令抽出部分人力，协助当地群众消灭蝗虫，保障民食。

1944 年，日军为打通大陆交通线，保证南洋部队的补给线，发动了豫湘桂战役。4 月，日军纠集 15 万人，首先发起豫中战役。这次行动的计划已为中国军队探知。3 月中旬，第一战区在洛阳召开高级将领会议商讨对策。李家钰力主先发制人，他说："与其准备待敌来攻，不如先发制人，使用飞机轰炸邙山头阵地，并继之以佯渡，以牵制之，使敌人被动，我为主动。"① 但未被采纳。

▲豫中会战中的中国守军

4 月 18 日夜，日军在位于郑州与开封之间的中牟渡河成功，仅用两天时间就一举攻占郑州，进逼洛阳，同时，以主力南攻许昌、漯河、襄城，以另一部西攻荥阳、汜水、巩县。5 月，日军一部又从渑池渡河，致使驻新安一带的第一战区长

---

① 王成斌等主编：《民国高级将领列传》（第二集下），解放军出版社 2003 年版，396 页。

官部和李家钰部，有被日军东西夹击的危险。第一战区长官率部由新安经石陵、宜阳，向洛宁逃跑，最后逃往卢氏。此时，东西对进的日军，相距不过 70 华里，李家钰部虽已越过新安，但孙蔚如集团军主力仍在向新安行进途中。李家钰遂抽调一部兵力掩护孙蔚如集团军安全通过新安。蒋鼎文撤退后，原准备在洛阳地区会战的诸兵团，失去统一指挥，群龙无首，都跟随长官部盲目西撤，秩序极为混乱。这时，各部将领召开会议商讨对策，公推李家钰统一指挥各部。在混乱危急之时，李家钰自告奋勇，慨然说："如果明天继续西进，窃愿殿后，以免挤在一起，彼此都不好办。"

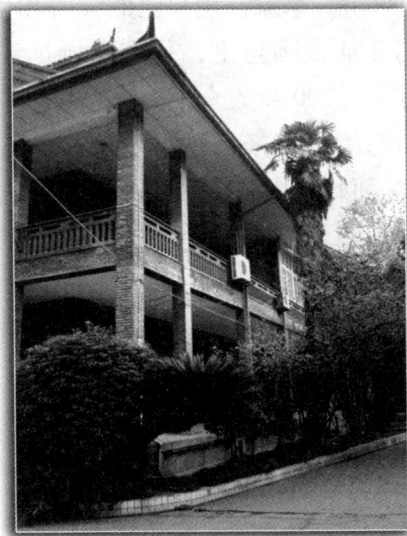

▲李家钰烈士故居——文庙前街 92 号

西撤途中，道路泥泞，部队行动迟缓。为激励士气，李家钰曾召集跟随部队官兵讲话，他说："我李家钰一生身经百战，若有丢盔亮甲之惨状，今后有何面目见蜀中父老乡亲与全国人民。值此存亡关头，凡有爱国爱家之志，誓死消灭日寇者，随我前进。"大家深为感动，此后的长途跋涉风餐露宿，也无一落后者。一路上，由于日军日趋逼近，李家钰部不断改变路线。5月21日行至陕县秦家坡时，遭日军骑兵部队的伏击。虽然李家钰感觉情况有异，传令攻占阵地，但已经来不及了。一时间，日军的机枪、迫击炮、掷弹筒不断向李家钰被困的山头袭来，如雨点一样密集。李家钰由卫士扶着沿原路后退，又被敌人机枪交叉封锁。忽然，他负伤扑于地上，日军的枪炮愈加猛烈，李家钰又身中数弹，当场阵亡。他的部下冒着枪林弹雨，与日军肉搏，才将遗体抢运回来。李家钰的遗体上满布枪眼，但形态面貌可辨。李家钰用自己的鲜血和生命践行了自己生前亲书的"男儿欲报国恩重，死到疆场是善终"的钢铁誓言。与他随行的官兵200余人全部阵亡。

李家钰殉国的消息传来，举国哀悼。各大报刊均作了报道。李家钰遗骸运回四川，成都各界和国民政府驻川各级机构、各界人士、群众团体联合举行公祭和追悼会，安葬遗体于成都市南郊红牌楼广福桥的"李上将墓园"。

爱国诗人柳亚子先生惊闻李家钰殉国，曾作诗表示哀悼：

万里中原转战来，前师急报将星颓。

归元先轸如生面，化碧苌弘动地哀。

军令未闻诛马谡，恩纶空遣重曹丕。

灵旗风雨无穷恨，丞相祠堂锦水隈。

1944年6月22日，国民政府追赠他为陆军上将，准入祀忠烈祠，并颁布对他的褒扬令。1984年4月25日，四川省人民政府正式批准，追认在抗日前线英勇牺牲的李家钰将军为革命烈士，拨专款重新修缮李将军的陵寝。

▲位于成都市武侯区红牌楼碧云路的李家钰将军
陵墓

彭雪枫：

功垂祖国，泽被长淮

　　"我们忠诚坦白之对于爱，一如我们忠诚坦白之对于党。"——这是新四军第四师师长彭雪枫在送给妻子的《斯大林传》的扉页上题写的字句。这位视自己的一切都属于中国人民、中国共产党的新四军高级将领也是一位有着博大、细腻的爱和感情丰富的人：他爱自己的战士，爱劳苦大众，同时也爱着自己的妻子。然而，天不假年，这位能文能武、温文洒脱的年轻将领在抗战胜利前夕被敌人夺去了生命。他无法再施爱于人间，可是人们却已将他的爱深埋在心中，历久而不渝。

　　彭雪枫，原名彭修道，乳名隆兴，学名修道，1907年9月9日出生于河南镇平县七里庄一个贫苦农民家庭。他自幼随教私塾的祖父彭如澜读书识字，曾为富家子弟伴读，后进本村私塾。同时也随祖父苦心练武，骑马耍枪。14岁那年，在家乡高等模范小学堂毕业的彭雪枫带着家里所有的积蓄——15元大洋，投奔在天津教书的伯父彭延庆，并考入南开中学。后因伯父家境困难而辍学。次年，投靠族叔彭禹庭，入冯玉祥西北军第16混成旅官佐子弟学校读书。学校后来迁北京南郊团河，易名为育德中学。不久，他的族叔中断资助，彭雪枫得到校长余心清的照顾，在该校小学部教国文，一边工作，一边上学。为读书几经曲折而陷于困境，使彭雪枫愈加珍惜来之不易的学习机会。在后来给妻子的信中，他这样回忆自己的这段经历，族叔的供给停止了，"以一个年幼无告的人在远离家乡一千余里的北京，怎么办呢？那一夜失眠了，我独自在被中饮泣，幸而有校长余心清的垂青，让我在附属的小学校里一星期教七小时的国文（这种文化水平是我祖父教我的，他是一个颇有学问和道德修养的人），一个月的报酬是十块钱，这同样使我失眠了一夜，那是因为兴奋！同学们都怜悯我，有钱而又相投的人接济我，比如以后的方中铎即是其中的一个。想想，我怎么能够忍心不苦读呢？一面放哨，一面偷偷读书是常事，追求知识如饥如渴，几乎见书必读，逢报必看，从那里算是扎下了今天的文化水平的基础。也引起了人们对我的尊重"。早年的经历使彭雪枫刻骨铭心，他有着强烈的求知欲望，就是在后来的战争年代，一有空闲，他仍是手不释卷，即使如此，仍以未曾受过系统的教育为一生的憾事！五卅惨案发生后，组织同学同校方进行斗争，取得胜利，建立了德育中学学生自治会，并被推举为该校学生自治会会长。6月下旬，经唐纵介绍，在育德中学参加了共产主义青年团。

　　1926 年，冯玉祥的国民军失败，育德中学解散。彭雪枫又因无钱交纳学费而无处读书。幸遇原育德中学教务主任周祝三，在他的介绍下，入北京汇文中学就读。当时，他的生活非常艰难，整天吃不上饭是常事，但仍积极参加学生运动。这年10 月，他加入中国共产党，担任汇文中学党支部书记，为迎接北伐军而领导学生举行示威游行和罢课运动，后因北洋军阀搜捕而离开汇文中学。此后，他先后入北平今是中学、开封训政学院专修班、北平民国大学文学系读书，同时，开展学生运动。南苑农民暴动，他被派到烟台刘珍年部第 21 师做兵运工作，10 月，在《国闻周报》副刊发表《烟台纪行》，12 月奉命前往福山做农运工作。

1930 年 5 月，彭雪枫奉中共中央军委之命，到达鄂东南红五军工作，后红五军改编为三军团，他任一纵队政委。在长沙战役中，一纵队为全军先锋，首登长沙城。长沙战役后，彭雪枫先后任红八军六师、二师政委，参加了二攻长沙、第二次反"围剿"、宜（黄）乐（安）战役。1933 年 5 月，调任红三军团四师政委，率部东征，连战皆捷，进逼福州。11 月，在浒湾八角亭战斗中受伤，伤愈后入红军大学高级指挥科学习，后随大军长征。在长征中，他率部屡立战功：保证红军主力部队在长征中安全二渡赤水，强夺娄山关，再占遵义城，参加红军北上抗日先遣队，参加直罗镇战役。他率领的红三军团 13 团是逢山开路、遇水架桥，能打硬仗的先锋团。

1936 年 10 月，受中央委派，彭雪枫化名彭雨峰，以中央和红军代表的身份，转道绥远，秘密赴太原阎锡山处做统战工作，争取阎锡山与红军联合抗日。他以真诚的态度、灵活的斗争艺术，积极做阎锡山的工作，较好完成了中央交付的任务，西安事变发生时，阎锡山保持"中立"，对红军迎击亲日派何应钦进攻的行动不予干预，使红军得以顺利集中于三原地区，免受了背后干扰。次年，他又以中央代表的身份奉命到北平、天津、济南做统战工作。

七七事变爆发后，工农红军改编为国民革命军第八路军，红军驻晋秘密联络站正式改称八路军驻晋办事处，彭雪枫任八路军总部少将兼驻晋办事处主任，负责向阎锡山及第二战区长官司令部交涉，协商八路军出师入晋的有关事宜，保证了八路军在 9 月先后从陕西韩城、潼关东渡黄河，陆续开赴山西，顺利到达预定地点。彭雪枫因此被誉为八路军的"先行官，好参谋"。

▲1937 年秋，周恩来（右二）、邓小平（右一）、彭雪枫（左二）在山西。

1938 年 2 月，彭雪枫奉命率领原八路军驻晋办事处 60 余名干部来到河南确山县竹沟，训练干部，组建部队，发展与扩大党的力量，参与筹划中原敌后的抗日工作。竹沟是新四军第二、第四、第五师的发源地，是中共中原局和河南省委所在地。到竹沟后，彭雪枫联络地方实力派魏凤楼、宋克宾等人共同抗日。对于活动于竹沟附近地区的惯匪安永祥、段可祥两团则用智取的办法，生擒安永祥、段可祥两头目，解除了 1000 多土匪的武装。为培训抗日军政干部，彭雪枫在竹沟举办了两期教导队，主要招收爱国青年学生，每期 500 人，学期三个月。期满后，大部分学员被分配到豫东、皖北开展抗日工作，成为新四军中的骨干力量。

徐州、开封失守后，豫东皖北沦陷。中共中央长江局负责人周恩来、叶剑英指示河南省委将工作重心移向豫东，创造苏鲁皖边新局面，与八路军冀鲁豫部队联系起来。据此，彭雪枫等将在竹沟创建的两个新兵连，编为第二大队，加上从延安来的干部共 373 人组成新四军游击支队，向豫东抗日前线挺进。为了更好地宣传抗日，这支游击支队创办了《拂晓报》，彭雪枫题写报名，还撰写了《拂晓报——我们的良友》发刊词。他非常重视这份报纸，亲自撰写了很多重要社论。1939 年 11 月 11 日，河南竹沟确山惨案发生后，撰写《关于竹沟事变》一文；11 月 28 日，为《拂晓报》撰写题为《关于本报被禁的声明》的社论；12 月 9 日，在《拂晓报》发表《怎样和敌人斗争与怎样建立敌后根据地》一书的序言；皖南事变发生后发表《誓为皖南事变殉难烈士复仇》一文；同月 24 日，发表《纵谈皖南事变》的谈话；1941 年 4 月 2 日，发表《为征收公粮告淮上父老绅耆书》；同月 24 日，发表《告南阳同胞书》；1944 年 1 月 1 日，发表《一年来的军事工作》一文。从 1938 年创刊到彭雪枫 1945 年牺牲，这张报纸随着彭雪枫领导游击队的扩大而迅速发展，在豫苏皖根据地广为传播，受到人民的欢迎。为激励战士们的斗志，丰富精神生活，彭雪枫还创办了拂晓剧团，被称为淮北抗日前线的一枝花。《拂晓报》、拂晓剧团以及后来成立的骑兵团，被同志们称为"彭师长的三件宝"。①

①　穆成林编著：《开国元勋眼中的抗日英烈》，中共党史出版社 2005 年版，第 261 页。

▲彭雪枫（前排左三）和拂晓报社全体同志

▲彭雪枫骑兵团的全体同志

彭雪枫率部向豫东抗日前线挺进，到达西华杜岗镇，与吴芝圃率领的豫东人民抗日游击第三支队及萧望东率领的抗日先遣大队会师，合编成立新四军游击支队，彭雪枫任司令员兼政治委员，辖三个大队和一个警卫连，共计1020人。

随后，彭雪枫率领部队东渡黄河向敌后挺进，受到沦陷区人民的欢迎。在淮阳东北的窦楼镇，他指挥部队击退了日军骑兵百余人的袭击，击毙日军林津少尉。紧接着，游击支队到达鹿邑县，并向睢县、杞县挺进，突破日军封锁线，取得了一个又一个胜利。其战斗情形，正如彭雪枫在《斗争一年》中总结的那样："从鹿邑北出，柘太睢杞，侧敌行军，穿插封锁，几乎无日不在战斗中，围绕着柘太商睢之敌，来往于汉奸土匪多如牛毛的地面，日以继夜打击敌人。战士们不愧为'地上的空军'，神出鬼没，给敌人以无限的苦恼！"

新四军游击支队活跃在豫皖苏交界的商丘、萧县、永城、宿县一带，广泛开展游击战争。1939年，决定建立抗日根据地，以萧县、永城、宿县一带为主要活动范围。为此，彭雪枫和游击支队副司令员吴芝圃分率部队再次出征，使以书案店为中心的游击区不断巩固和扩大。同年9月，活跃于永城的抗日武装鲁雨亭部900多人加入新四军，被改编为新四军游击支队第一总队。鲁雨亭的加入，不但增强了游击支队的力量，而且扩大了游击区的范围。

彭雪枫率领新四军游击支队东进九个月来，进行较大的战斗30次，毙敌700余人，俘敌1165人，缴获了大量枪支弹药，游击支队的力量也大大发展，由进入豫东皖北时的三个大队，发展成为拥有三个团和一个随营学校的战斗力较强的抗日武装。1939年底，游击支队正式改番号为新四军第六支队，彭雪枫任司令员兼政治委员，下辖三个团和三个总队，兵力达

12000 多人，在淮北平原的 30 多个县纵横驰骋。抗日根据地的发展，使敌人害怕。1940 年 3 月中旬，日伪军 2000 余人"扫荡"永城、萧县地区，被新四军击败。4 月 1 日，日伪军又集中 3000 余人，反复"扫荡"永城东北地区。第六支队的第一总队与第三总队一部与敌激战终日，毙伤日伪军 300 余人，挫败了敌人的"扫荡"，第一总队队长鲁雨亭等 200 余人在战斗中不幸牺牲。敌人的连续"扫荡"被粉碎，豫皖苏边根据地进一步巩固。

▲ 淮北地区党政军领导人。左起：刘瑞龙、彭雪枫、邓子恢、张震、吴芝圃。

与此同时，根据刘少奇"东进、东进、再东进，深入到敌人后方去"的号召，彭雪枫即派张爱萍率领一个主力团和百余名干部赴皖东北创建抗日根据地。八路军也抽调第二纵队黄克诚部 12000 余人南下，于 1940 年 6 月在涡阳新兴集与彭雪枫部会合，随后，彭雪枫的新四军第六支队与黄克诚的八路军第二纵队 334 旅（缺 678 团）合编为八路军第四纵队，彭雪枫任司令员，黄克诚任政治委员，共辖九个团，17000 余人。不久，根据中原局建议，活动于陇海路以南，淮河以北，津浦路两侧的八路军、新四军统一整编为八路军第四、第五纵队，彭雪枫任第四纵队司令员兼政治委员，执行"向西防御"的任务，坚持豫皖苏边的游击战争；黄克诚任第五纵队司令员兼政治委员，执行"向东发展"的任务，挺进苏北，开辟淮海抗日根据地。这样，八路军、新四军合作，在苏北建立了巩固的根据地。

从挺进豫东，到豫皖苏根据地的建立，到苏北根据地的开辟，彭雪枫率部东征西进，由小到大，由弱到强，经历了一番艰辛。初创根据地时，没有稳定的军需来源，也没有群众的支援，部队经费困难，没有粮食，吃不饱饭，彭雪枫与战士们一起每天吃高粱、红薯，并风趣地将它们比作"猪肝"和"香肠"。1939年春天，全军只剩下五块钱的军需，每人三分钱的菜金也难发出，彭雪枫忍痛卖掉一些随军转战的战马，以解决部队的燃眉之急。寒冬雪天，部队中的许多战士还穿着单衣，炎热的夏天还穿着露出棉絮的烂夹衫。但是大家都没有叫苦，依然艰苦奋战，为民谋利。因而被豫皖苏边人民称赞为"天下文明第一军"。在永城县城乡至今还流传着这样一首歌谣：

> 彭司令，真是强，
> 谁提起来谁夸奖。
> 生活艰苦又朴素，
> 关心群众像爹娘。
> 你种地，他帮忙，
> 你打麦子他扬场。
> 日本鬼子大扫荡，
> 抗敌拿起刀和枪。
> 军民团结一条心，

打跑鬼子保家乡。

在边区站稳脚跟后，彭雪枫就开始建立地方政权，发动群众减租减息，支援前线。在根据地成立农抗会、儿童团、妇救会等群众组织，通过他们征集军粮、军鞋，补充兵力，发动儿童团站岗放哨。这些都得到了老百姓的热情支持，他们尽自己所有捐献部队，送自己的儿女参加新四军。涡阳县龙山乡有一位谢老太太，她将三个儿子都送上抗日战场，参加了新四军，后来三个儿子都为国英勇牺牲。彭雪枫深为感动，亲自给老太太写信，赞扬她的爱国行为。谢老太太逝世后，他又派人前往慰问并送去 100 元作为谢家生活的补助。

新兴集一带地势低洼，常遭涝灾。彭雪枫倡导军民联合修成了一条宽 7 米、深 1 米多、长 10 公里的排水沟。新兴集人民为了永久纪念新四军游击支队为他们作的贡献，将这条沟命名为"新新沟"，并在沟旁立碑纪念，上刻：

前引前导与五亿袍泽谋乐利，
耐苦耐劳为三区广众造腴田。

1941 年 1 月，国民党顽固派制造了"千古奇冤，江南一叶"的"皖南事变"，新四军遭受重创。为粉碎国民党顽固派的阴谋，1941 年 1 月 20 日，中央决定重组新四军军部，八路军第四纵队改编为新四军第四师，彭雪枫任师长兼政治委员，张震任参谋长，萧望东任政治部主任。第四师成立后，彭雪枫率部向津浦路东皖东北地区转移，投入了巩固和发展淮北苏皖地区抗日民主根据地的斗争。1941 年 8 月，彭雪枫兼任淮北军区司令员、淮北区党委委员，与邓子恢、张震、吴芝圃、刘子久、刘瑞龙等密切合作，为新四军第四师的壮大、淮北根据地的巩固和发展，作出了重大贡献。

▲彭雪枫在干部大会上作整风动员报告

　　1942 年 11 月，驻徐州日军第 17 师团、独立第 13 混成旅团各一部及伪军第 15、第 28 师等部 6000 余人，由宿迁、睢宁、泗县、盱眙、固镇各据点出发，以飞机、汽艇相配合，分五路向淮北根据地进行大"扫荡"，企图一举歼灭第 4 师主力。彭雪枫指挥主力大部分转移，跳出日伪军的合围圈，分路转移至外线；内线部队则和广大群众一起，彻底坚壁清野，就地坚持游击斗争，并破坏大小道路。这样使日军合击青阳、半城、双沟等地连连扑空，将大部兵力撤回泗县县城。11 月 23 日，日伪军又分三路再次对青阳、半城地区进行"扫荡"。彭雪枫指挥转入外线的主力趁敌侧后兵力空虚之机，袭击蚌埠附近敌人的大小据点，同时，破坏泗（县）灵（壁）公路，袭击泗县、灵璧县城，并摧毁宿县以东 20 多个日伪据点，迫使日伪军再次缩回泗县县城。12 月 9 日，青阳、归仁集、金锁镇的日伪军共 1000 余人，分三路合击朱家岗，围攻第 4 师 9 旅 26 团，

26 团战士与敌激战，反复肉搏，将敌击溃，共歼敌 280 余人。朱家岗战斗的胜利，保证了 33 天反"扫荡"战役的全胜。

这次反"扫荡"作战，历时 33 天，共作战 37 次，歼灭日伪军 800 余人，打破了日伪军聚歼第四师主力和摧毁淮北抗日根据地的企图。从 1938 年到 1944 年，彭雪枫率领新四军第六支队进行了大小战斗 3706 次，累计歼敌 48000 余人，取得了敌我伤亡比例五比一的辉煌胜利。

1944 年 4 月，日军为打通大陆交通线，发动中原战役，大举向河南省腹地进攻，汤恩伯不战而逃，中原空虚。8 月，根据中共中央开发河南，控制中原的指示，彭雪枫、吴芝圃、张震等率第 4 师主力五个团冒暑西征津浦路西，恢复了萧县、永城县、宿西县和 15 个区的民主政权，发展了千余地方武装，初步打开了抗日局面。9 月上旬，率部继续西进，涤荡各地顽军。11 日凌晨 2 时，新四军主力继续西进，于夏邑县东八里包围了顽、伪、匪三位一体的第二十八纵队二支队李光明部 1000 余人，拂晓时分，向大围子发起攻击，残顽突围逃窜时，被新四军骑兵团拦截砍杀，死伤甚重。当彭雪枫登上大围子南门围墙，亲临前线指挥这场即将胜利结束的战斗时，不幸胸部中弹，壮烈殉国，时年 37 岁。

1945 年 2 月 2 日，淮北军民 7000 余人前往洪泽湖畔，恭迎彭雪枫灵柩，沿途群众，设案致祭。2 月 7 日上午，在延安杨家岭中央大礼堂，举行彭雪枫追悼大会。1946 年夏，《拂晓报》出至 1000 期后，根据中共中央决定，改名为《雪枫报》，以纪念 1944 年 9 月在河南作战牺牲的彭雪枫同志。彭雪枫是一位著名的军政双全、文武兼备的一代英才。在率军作战之余，先后撰写了《平原游击战的实际经验》《豫皖苏边两年来平原游击战总结》《游击战术的几个基本作战原则》等文章，深刻分析了游击战争特别是平原游击战争的基本特点，总结出一套平原游击战争的战略战术原则。他还写过很多文章、总结、报告、日记、信札，起草过很多文件，在抗日战争时期写下的就多达 80 万字。这些，都成为我国军事史上的宝贵遗产。

彭雪枫牺牲后，安葬在他战斗过的洪泽湖畔，陪伴着他的，是他喜爱的冰清玉洁的湖水。

柯棣华：

国际主义医士之光
辉耀着中印两大民族

他来自古老的印度，战斗在华北抗日根据地，他是白求恩式的国际主义战士，他远道来华，援助抗日，他是毛泽东盛赞的国际主义精神的代表。他病逝后，毛泽东悲痛地说："全军失一臂助，民族失一友人。"他就是柯棣华大夫，白求恩国际和平医院院长。

柯棣华，原名德瓦卡纳思·桑塔拉姆·柯棣尼斯，1910年10月出生于印度马哈拉施特拉邦的绍拉浦尔市，家中兄妹八人，他排行老二。父亲桑塔拉姆是一个通晓大义的民族解放运动的支持者，在当地一家纺织厂任办事处主任，柯棣华自幼聪颖，才思敏捷，从小学到中学，学习成绩一直名列前茅。青年时代受父亲民族解放思想的影响，追求民族独立，积极参加反殖民主义斗争。1930年考入孟买卡尔亨达斯·森德多斯医学院，1932年因参加反英运动，抨击殖民主义政策，被殖民当局开除学籍。同年12月转入孟买格兰特医学院，1936年以优异的成绩毕业，获得学士学位，留在学院附属医院小儿科作见习医生，在行医过程中，柯棣华感受到很多社会问题不是医学所能解决的，他开始涉猎马克思主义著作，思想发生了转变，发现只有社会主义才能解决本质的问题。

1937 年卢沟桥事变爆发，印度国大党领袖尼赫鲁应中国红军总司令朱德的请求，决定派一支小型医疗队到中国，表示印度人民对中国人民的同情和支持。此时，正准备报考英国皇家医学会的柯棣华，毅然决定参加医疗队。1938 年 6 月 29 日，柯棣华申请加入了由他和爱德华、巴苏华等五位医生组成的赴华医疗队，1938 年 9 月 1 日印度援华医疗队乘英国拉吉普塔纳号邮船离开孟买，17 日，轮船到达广州码头，在这里他们受到了中国群众的热烈欢迎，并受到保卫中国同盟主席宋庆龄的迎接。29 日，医疗队由广州辗转到达当时国民党政府所在地武汉，被中国红十字会编为第 15 救护队，先后在汉口、宜昌、重庆等地工作。因为不清楚国共两党的区别，医疗队先到国民党的军医院工作。通过与国民党和共产党的接触和对比，他发现了两者的不同，他感受到中国共产党、八路军才是真正抗日的力量，是中华民族的希望，因此坚决要求到延安去。刚到中国时，他们就向前来迎接他们的宋庆龄提出到华北前线工作的请求。到武汉后，他们又向周恩来提出了同样的请求。在重庆，他们又第三次向董必武提出了去延安的请求。

1939 年 1 月 16 日，就在医疗队获得批准，准备奔赴延安的前夕，柯棣华接到父亲不幸去世的消息。重庆八路军办事处的同志和其他几位医生劝他回国料理后事，他强忍悲痛说："我的家庭确实遭到了巨大的不幸，但这里千千万万无辜受难的人民更需要我。在我没有实现我向印度国大党所做的保证——至少在中国工作满一年之前，我绝不回印度。"1939 年 2 月，冲破各种阻碍，经过长途跋涉，柯棣华同印度

▲印度援华医疗队合影，前右一为柯棣华。

医疗队的同伴们到达中共中央所在地延安。为了表达与中国休戚相关的决心，出发前他们特意请中印文化协会主席谭云山为他们每个人都起了一个中国名字。在他们的名字后面都加了一个"华"字，于是，五位医疗队员都有了他们的中国名字：爱德华、柯棣华、卓克华、木克华、巴苏华。柯棣华的名字就是这时从原名柯棣尼斯改成的。

▲1939 年 1 月，柯棣华在中国重庆住所学习中文。

2 月 14 日，延安各界在八路军卫生部礼堂举行盛大欢迎会，热烈欢迎五位印度朋友的到来。毛泽东等中共中央领导出席了欢迎会，第二天毛泽东还亲切接见了医疗队的成员。在延安，柯棣华感受到了平等和温暖。最初，柯棣华他们被分到离延安 30 多里的八路军总医院工作，后来他们提出了到前线工作的要求。柯棣华说："我来中国的目的就是要直接为抗日的军民服务，我是个外科医生，也要像白求恩那样，到前方为受伤的战士动手术。"为了做好开赴前线的准备，柯棣华按照八路军的要求，穿上草鞋，背上背包，戴上草帽，全副武装。在他们的再三要求下，中共中央批准他们到抗日最前线，10 月 29 日，毛泽东在杨家岭的窑洞里再次接见了柯棣华等人，转达了朱德总司令从前线发来的欢迎电报。中共中央统战部、八路军总医院全体同志先后举行了隆重的欢送会，在会上柯棣华作了热情洋溢的讲话，最后他满怀激情地说："同志们请相信，我们绝不辜负中国共产党的殷切期望。"12 月 21 日，柯棣华一行三人（卓克华和木克华已经回国）经西安、潼关，从渑池北渡黄河，穿越敌人的一道道封锁线，来到了山西省武乡县八路军总部，受到了朱德总司令的热情欢迎。

柯棣华和印度医疗队的同伴们，出入枪林弹雨，全然不顾个人安危，战斗中，时常有危险出现。在一次战斗中，炮弹炸坏了救护所的一个墙角，同志们都为他的安全着想，劝他把救护所撤到离前线远一点的地方，他坚决不同意，并对大家说："如果救护所离敌人很远，这对我们来说是安全了，但对不怕流血牺牲的战士来说，不知要增加多少痛苦，是多么不安全呀！"说完，他不顾敌人炮火，继续给伤员做手术，就这样，战斗进行了一天多，柯棣华连续工作 40 多个小时，和战友一起给 80 多个伤病员做了包扎和手术。

▲柯棣华（右二）与朱德（右三）的合影（苏巴华摄）

1940 年 3 月，医疗队离开晋东南，奔赴晋察冀抗日根据地，爱德华因病于 2 月返回印度，柯棣华和巴苏华经过两个多月的艰苦转战，到达晋察冀。6 月 21 日，晋察冀军区司令员聂荣臻接见了他们，并邀请柯棣华等参加国际主义战士白求恩陵墓的揭幕仪式。柯棣华敬献了花圈，并表示决不玷污白求恩的名字，要像白求恩那样，献身于全人类的反法西斯事业！他回绝了印度援华委员会发来的回国请求，坚持与中国人民共患难，同生死，并肩战斗到最后胜利。他用行动践行了自己的诺言。1940 年 9 月，当百团大战进入第二阶段，晋察冀军区进行涞水战役时，柯棣华奉军区司令部之命，到军区的南线，负责阵地救护工作。在 13 天的战斗中，他接收了 800 余名伤病员，其中施行手术的达 558 人。[①] 伤员不分昼夜陆续地送来，他三

---

　　① 穆成林编著：《开国元勋眼中的抗日英烈》，中共党史出版社 2005 年版，第 193 页。

天三夜未曾睡觉，始终以最大的热情坚守岗位。有一次，部队在转移过程中突遭敌机袭击，柯棣华看到有同志被炸伤，他不等敌机飞走，就飞奔过去抢救伤员。大家看到柯棣华不顾身体疲劳，夜以继日地进行工作，就劝他注意身体，适当休息，他总是说："保护战士们的健康，救死扶伤，去争取革命的胜利就是我们的责任。"

柯棣华被分配到晋察冀白求恩卫生学校担任教员兼外科医生。1941 年 1 月，柯棣华被聂荣臻司令任命为白求恩国际和平医院院长。柯棣华像白求恩一样，对工作极端负责，以毛泽东提出的"救死扶伤，实行革命的人道主义"为行动宗旨，他结合白求恩战地医院经验，很快制定了一套适应战时环境的医院管理制度，使医院工作走上正轨。

他不仅从事医疗工作，还从事教学训练，编写讲义，担负着行政和政治工作。他利用行军的短暂休息时间给学员上课，在紧张的战斗环境中，只能挤占休息时间备课，以致在行军中迷迷糊糊几次跌倒，把膝部、腕部都摔破了。柯棣华对伤病员关怀备至，在行军途中，他总是与伤病员形影不离，遇到危险就挺身而出，他亲自给伤员喂饭，还把自己的被褥衣服给伤员用。组织上分配给他的马，行军途中，他不是让身体不好的同志骑，就是驮东西；分配给他稍大一点的房子，他总是腾出来收伤病员，自己往小屋里搬。他经常穿带补丁的衣服，而把发下的新衣新鞋省下来，给同志们穿。他把克服困难当作锻炼自己、改造思想的好机会。他常说："我来是为了革命，不是为了享受。"他经常对医务人员说："一个医生，只要活着，就不能忘记伤员。"有一次，他从 100 多里以外的地方检查工作回来，已经是晚上 8 点多了，他顾不上吃饭就来到病房为伤员换药，大家劝他快去吃饭，他笑着说："晚点吃饭不要紧！"

一直坚持给最后一个伤员换了药才离开。

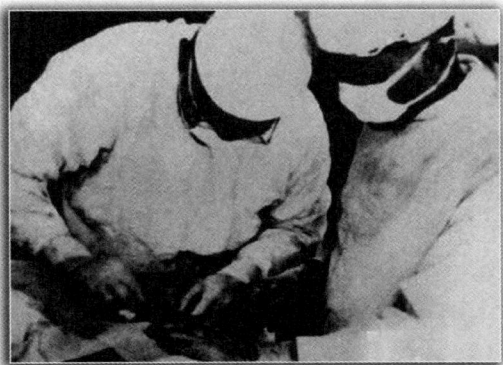

▲1939 年 3 月，柯棣华（右）在延安给八路军战士做手术。

　　他同群众血肉相连，把为群众服务看作自己的幸福。在敌人一次"扫荡"中，他路过一个被日寇摧毁的村庄，听到断续的呻吟声，顺声查找，在一间残破的房子里，见到一个由于难产而生命垂危的妇女。他连忙找来游击队和担架，把产妇送到一个临时救护所，即刻为她做手术，挽救了母子的生命。正因为这样，伤病员和群众都尊敬他，亲热地称他为"老柯""贴心大夫"，因为他皮肤黝黑，又被大家称为"黑妈妈"。

　　1941 年 1 月，他正式参加了八路军，此时，正是抗日根据地最艰苦、最危险的时候。1941 年 10 月 25 日，柯棣华大夫与卫生学校教员郭庆兰女士喜结良缘。时任白求恩卫生学校校长的江一真为他们主婚。婚礼很简单，两个人把铺盖搬到一起，床板边上贴了一张大红纸，写上"洞房花烛"四个大字，这就是新房的摆设了。婚后，柯棣华作为白求恩国际和平医院的院长依然很忙碌，他和郭庆兰几乎没有在一起吃过几顿饭。

　　1942 年 8 月 23 日，郭庆兰生了一个儿子，柯棣华亲自接生。孩子的降生为这对夫妇和他们的朋友带来了巨大的欢乐，柯棣华给他的中国兄弟八路军卫生处军医李得奇写信："老弟：报告你一件喜事，郭庆兰生了一个男孩。今天是第三天，他睁了睁眼睛观察周围。这孩子白皮肤，大眼睛，高鼻子，长睫毛，黑黑的两道眉，长的样子像我，但皮肤像郭庆兰。取了我们两人的优点，未取缺点。"时任八路军晋察冀边区司令员的聂荣臻将军知道后，非常高兴，他亲自为孩子起名为"柯印华"。"印"表示印度，"华"表示中国，这个名字寓意着中印将世代友好。柯棣华并不会做饭，可是在郭庆兰生完孩子后，他一有时间就亲自做饭，熬点小米粥给郭庆兰补身体，他还鼓励郭庆兰要继续学习。

他也是这样要求自己的，在积极救助伤病员的同时，柯棣华还利用战斗间隙，抓紧时间进行学习，来到中国后，为了了解中国革命以及方便与病人沟通，他非常勤奋地学习中文。他到中国待了一年就学会了日常汉语，第二年就在晋察冀卫校的欢迎会上用简单的中文致辞，第三年能用汉语同当地人民随意交谈，第四年已可阅读报纸。

他利用一切时间、机会学习中文，碰到什么问什么，在手术间就问医疗器械名称，喝茶时就记住"茶碗"，过年时见到老百姓门上贴的春联也去研究。有一次，他看到春联上有"吉人天相"的词句，就去问身边的同事是什么意思。同事告诉他，这是天帮助好人的迷信思想，不料他后来在和同志们开玩笑的时候，竟能很恰当地运用讽刺意味的双关语。更令人吃惊的是，他到晋察冀卫校曾指导过身边一名 15 岁的警卫员王东平学文化。在柯棣华的悉心帮助下，王东平由开始的大字不识一个，到最后能写常用的话语。

1942 年，中共中央发出整风号召，不是党员的柯棣华也自愿参加了白求恩国际和平医院和卫生学校的整风。他认真学习毛泽东《整顿党的作风》《反对党八股》等文章和其他整风文献，还做了很多笔记。对于自己思想的发展轨迹，柯棣华在1942 年 1 月给巴苏华的信中进行了总结，他说："我在此期间虽然过着一种从所未有的艰苦生活，但我觉得我充满了活力和愉快。我热爱中国，热爱正以无穷威力摧毁法西斯暴行的英勇抗战的军民！""去年，在这里的一年多时间，我过着一个八路军战士的生活，经常接受同志们在会议上和私下交谈中对我的帮助，使我在性格、思想等方面经历着显著的转变。"

▲1942 年 1 月 28 日，柯棣华大夫在晋察冀军区三分区军民誓约运动大会上讲话。

　　一个外国人能否参加中国共产党呢？在经过反复思考后，柯棣华向医院领导和学校党组织提出了加入中国共产党的请求。1942 年 7 月 7 日，柯棣华光荣地加入了中国共产党，在鲜红的党旗下，柯棣华庄严地举起右手宣誓，他一再向党组织表示："我决心把我的一切交给中国共产党，今后的去向由中国共产党决定。""我将永远和解放区的军民一起战斗，直到流尽最后一滴血。"

长期艰苦紧张的战斗和工作，不断损害着柯棣华的健康。正当他要为自己所热爱的中国作更多贡献的时候，他的癫痫病不断发作。为了不给领导和同志们添麻烦，他每次预感要发病的时候就悄悄躲起来。他告诉妻子，犯病时将毛巾塞进他的嘴里。郭庆兰发现他四肢摔伤，嘴里还流着鲜血，有几次把毛巾都咬破了。聂荣臻得知他的病情不断恶化，建议他到香港或是回国治疗。柯棣华马上拒绝，他说战争环境很艰苦，伤病员越来越多，看到八路军英勇作战，不怕流血牺牲，相比来说这点病又算得了什么？后来他的癫痫病发作越来越频繁，他似乎感到了不祥的预兆，于是抓紧一切时间，编写完成了教学急需的《外科总论》，接着开始编写《外科各论》。

1942 年 12 月 8 日晚，忙了一天的柯棣华回到家里，继续编写《外科各论》讲义，病魔再次向他袭来，8 时 45 分，他突然急剧抽搐，摔倒在炕前。白求恩国际和平医院的校领导、医生、护士迅速赶来抢救，一切措施都用上了，还是没有效果。从晚上 11 点开始，柯棣华的病情每 10—15 分钟就发作一次。9 日清晨 6 时 15 分，在不断的昏迷和抽搐中，柯棣华在河北省葛公村停止了呼吸，年仅 32 岁。他没有给他热爱的战友们留下一句话，没有给他的爱妻娇儿留下一句话。

1942 年 12 月 17 日，柯棣华大夫追悼会在晋察冀军区举行。18 日，为柯棣华同志举行公葬。12 月 30 日上午，延安各界举行了追悼柯棣华大会，毛泽东亲自为大会送来了亲笔题写的挽词："印度友人柯棣华大夫远道来华，援助抗日，在延安华北工作五年之久，医治伤员，积劳病逝，全军失一臂助，民族失一友人。柯棣华大夫的国际主义精神，是我们永远不应该忘记的。"朱德总司令参加了追悼会，宣读祭文。朱德总司令在《纪念柯棣华大夫》的文章中写道："柯棣华大夫不避艰难，坚持在中国战争最激烈最残酷的敌后，执行印度人民的委托，这种崇高的国际主义的献身精神，是印度民族精神的伟大表现，值得一切反法西斯人民，一切殖民地半殖民地人民珍重与发扬。"

柯棣华牺牲后，他的遗体被安葬在河北省唐县晋察冀烈士陵园白求恩墓侧，朱德为柯棣华的陵墓题词，派人从延安送到了晋察冀。

生长在恒河之滨，斗争在晋察冀，国际主义医士之光辉耀着中印两大民族。

远在重庆的周恩来得知柯棣华病逝的消息后，给柯棣华远在印度的亲属和印度国大党写了信，高度评价了柯棣华大夫的国际主义精神。

1953 年，人民政府将柯棣华和白求恩的遗体一并迁入石家庄华北军区烈士陵园，永远纪念这位献身中国革命事业的印度人民的优秀儿子。1982 年，柯棣华病逝 40 周年的时候，邓小平等党和国家领导人分别题词纪念，邓小平的题词是：

"发展中印两国人民的传统友谊。"

姚名达：

抗战捐躯教授第一人

　　他是梁启超先生的得意弟子，现代史学家和目录学家，他所撰写的《目录学》《中国目录学史》《中国目录学年表》是我国现代目录学研究的开山之作。他也是一位忠贞爱国的文化战士，又是一位英勇杀敌壮烈牺牲的烈士。著名社会活动家、百岁老人雷洁琼称赞他为"抗战捐躯教授第一人"。他就是姚名达，中国抗日战争时期第一个勇赴国难、壮烈殉国的教授。

　　姚名达，字达人，乳名侠生，号显微，1905 年 3 月 16 日生，江西兴国县人。祖父姚德源，是以种菜、撑船为业的劳动人民。姚名达父亲姚芳权，字舜生，通经史，工诗文，学问渊博，是光绪年间兴国县学庠生。家中只有几亩薄田，但有几百部经、史、子、集等古籍。在这样的家庭中长大，姚名达从小就思想缜密，见解卓越，喜好史学和目录学。

　　姚名达 1923 年赣县中学毕业，翌年 9 月考入南洋公学。1925 年 9 月考入清华研究院，师从梁启超先生，治史学和史学史，以"章实斋之史学"为题进行研究。在梁启超这样的大师身边学习，姚名达收获良多。有一年夏天，清华国学研究院的学生们邀请梁启超同游北海。泛舟湖上，清风扑面而来，梁启超即兴发表了热情洋溢的演说："你无论在什么地方，总是社会的一分子，你也尽一分子的力，我也尽一分子的力，力就大了，将来无论在政治上，或教育上，或文化上，或社会事业上……乃至其他一切方面，你都可以建设你预期的新事业，造成你理想的新风气，不见得我们的中国就此沉沦下去的。"梁启超的爱国思想就此深播于姚名达等学子的心中。1903 年，梁启超蘸血为墨写下了《爱国歌》四章，他以炽热忠贞之心，倾诉了对祖国的热爱，表达了对祖国必然富强的信心。导师的一言一行深深感染着姚名达，他不仅在学业上得到进益，更在思想上接受了洗礼。[①]

▲1924—1929 年，姚名达先生在上海和北京求学时的照片。

1926 年 6 月，研究生毕业，继续留校研修。1928 年 6 月，经由导师梁启超、陈寅恪、李济、吴宓等人考察，认为及格，授予毕业证书。（按规定，学生在国学研究院时限为一年，成

---

① 魏莹：《姚名达：抗战捐躯教授第一人》，载《南昌晚报》2014 年 9 月 12 日第 A8 版。

绩优良者可申请留校继续研究。在国学院短暂的院史上，留校研究时间最长者为三年，共有三人，姚名达就是其中之一。）

1929年3月，姚名达离校，南下上海，到商务印书馆受聘任编辑兼特约撰述，参与《万有文库》的编辑。从1931年9月起，同时兼任上海复旦、暨南大学教授。1932年"一·二八"事变后，日本炸毁商务印书馆。4月初，姚名达同原配夫人黄心勉一起，在上海艰苦创业，开设女子书店，1933年3月创办《女子月刊》——倡导妇女解放，宣传抗日救国，这一举动填补了20世纪30年代我国妇女杂志的空缺，被尊为"中国妇女唯一的良师益友"。从1933年3月8日创刊号发行到1937年7月15日最后一期，每月一期，共计53期，全心全意为妇女运动奔走呼喊，为妇女服务辛勤耕耘。后主编《女子文库》，分妇女问题、女子常识、女子历史等10部丛书，及其他有关妇女问题的书，共计约出版发行100种。姚名达在《女子月刊》发表了大量倡言女权运动、宣传抗战救亡的论文。1937年八一三事变迫使《女子月刊》和女子书店关门歇业，书籍刊物、文献财产遭到劫难。

全国抗战爆发后，1937年9月姚名达举家返回江西，1938年在武宁师范学校任教、1939年在赣州中学任教，其余时间都在家中著述，他下决心要花十年功夫，精心著作一部《中国史学史》和一部史无前例的《中国群众史》，同时又撰写《九一八》《中国战史》稿本等史学丛书。1940年8月，国立中正大学在江西泰和成立，校长胡先骕聘请姚名达为研究部研究教授，讲授《中国通史》，后更名为《国史综析》，首创史理学，成立史理学学会。1929年至1940年，著有《章实斋年谱》《邵念鲁年谱》等15部著作，撰写了目录学研究的开山著作——《目录学》《中国目录学史》《中国目录学年表》，还有大量的史学论文，倡言妇女运动、抗战救亡运动的论文。姚名达的前半生可以说就是"为文化而努力"，有宏大的著述志愿"创作永远不巧的中国史学史、人民本位中国通史、中国战史、中国群众史、江西文化史……"而当祖国需要的时候，他又义无反顾、慷慨悲壮地为"国难而牺牲了"，以至于他"壮志未酬"，大多数夙愿没有完成。①

姚名达很早就密切关注日本对中国的侵略，对于日本问题及历代中日关系，研究甚深。1931年，九一八事变爆发，刚刚应聘为复旦大学历史教授的姚名达立刻讲授《中国近百年史》《60年来日本侵略中国史》等课程。主张坚决抗日，发表抗日言论甚多，一再揭露日本大陆政策的阴谋，说明中国决无妥协的途径。每有所论列，便风动一时，当时人称他为"抗日教授"。当时姚名达同时在暨南大学开课，凡二校学生自治会、同乡会、学术研究会等，他经常出席，尤其是各种救国会，积极参与组织活动。1932年"一·二八"事变，日寇突袭上海吴淞、江湾等地，他不顾自身安危，率领家眷和学生转至租界，积极鼓吹抗战，并襄助校方组织复旦大学支前运输工作队，向法租界各地募捐，募捐得到的罐头及日用品等，运送到前方劳军，士兵欢呼，军心大振。姚名达曾接到特务匿名的恐吓信，他置之不顾，仍继续作文宣传抗日。

1934年，他参加上海中华民族武装自卫委员会等活动，反对日本政府狂言独占中国华北的"天羽声明"。1935年，在日本制造华北事件，蚕食内蒙、华北，内蒙岌岌可危时，他与上海数百名文化界人士先后联合发表了《我们对于文化运动的

---

① 姚果源：《浩气壮山河——原国立中正大学抗日战地服务团纪实》（上册），江西高校出版社2010年版，第7页。

▲"一·二八"事变中，参与侵华的日本海军陆战队。

意见》《上海文化界救国运动宣言》，以唤起民众觉醒，发扬民族正气，争取民族解放。他看到中国共产党领导的震撼中外的一二九爱国运动后，在 1936 年元旦出版的《女子月刊》特刊上，接连写了《国难的由来和现状》《日本侵略华北的必然性》等五篇文章，洋洋数万言，满怀激情歌颂"这是我国民族解放运动"，竭力赞扬广大青年学生在运动中所表现出来的爱国牺牲精神，说这精神"促使日本帝国主义及其走狗们闻风丧胆!"，号召"有热血的国民团结起来，反对日本侵略"，"使敌人知道我们民众的力量是不可蔑视的，中华民族是不可蔑视的，中华民族不是容易欺侮的"。从 1934 年 3 月至 1937 年 7 月，仅在《女子月刊》他署名的抗日救国专论就有二三十篇。

1937 年七七事变爆发后，姚名达和继配夫人巴怡南以满腔的爱国热情，于 8 月 5 日致函上海《大公报》，"要求政府立即下全国总动员令，用整个民族的力量给日本帝国主义者以致命的打击"，并带头捐献两枚订婚的金戒指，"为政府备战抗战之用"，"希望每一国民都能自动捐献其所有于国家（无论货币、金银、古董乃至一切财产，整个生命）"。他坚持记录1937年7月7日后的世界大事日记，记载中外政治、经济、文化、社会状况及军事与战争变化态势，积累翔实的史料。从1939年10月开始别出心裁地编制《抗战史图》，以地图表示抗战形势的变化。除了教学与研究工作外，他竭尽全力，挥笔呐喊，宣传抗战。从1939年5月到1942年5月，三年间发表于《闽侨月刊》、江西《民国日报》和《国立中正大学校刊》等报刊的抗战救亡专论有一二十篇，如《日本南侵的政略与战略》《今年世局的预测》《西南太平洋的民族问题与各民族应有的觉悟》等。他热情地歌颂中国人民的伟大力量，他号召"把振作民族精神，当作今天的第一要义"，"使人人能激发民族正气，献身疆场，以死卫国"，他科学分析了

▲《女子月刊》书影

中日双方形势变化，预测日军自陷武汉后，其战略为攻占重庆，截断西北、西南国际交通线和占取东南半壁三种，并"史理学原理推断敌军必败"，提出动员军民、发挥潜力、积极打击敌人的方法措施。他的这些专论，对宣传持久抗战、增强胜利信心具有重大意义。

　　1942 年 5、6 月间，日军发动浙赣会战，企图打通浙赣线，侧击粤汉线。在此国家民族危难之际，姚名达挺身而出，联合学生数人，以安定人心、激励士气为己任，发起组织国立中正大学战地服务团，在 6 月 12 日的成立大会上姚名达教授被选为团长，校长胡先骕被推为名誉团长，通过了宣言、团歌、团章、团员公约等。战地服务团宣言，"凡我后方民众，亟应全体实行动员，竭其人力物力，以协助前方将士，予暴日严重之打击，庶使其不敢轻视我民气，而有所畏忌。此实吾国民人人当前应有之责任也。本校师生，虽分属书生，顾平时既以气节相砥砺，以道义相切磋，当此国家危难之秋，爱国岂敢后人。纵不能执干戈以卫社稷，亦当竭尽绵薄，贡献愚忱，用特组织战地服务团，前往战地服务"，表明了师生为战地服务的决心。战地服务团成立后，还编写了《国立中正大学战地服务团特刊》和《通讯》，登载在江西《民国日报》，宣传成立战地服务团的意义，报道前方服务军民的活动消息。6 月 24 日，中正大学隆重举行了战地服务团的出征誓师大会，胡校长向姚团长授予团旗，并发表讲话。

　　6 月 25 日，团员 38 人斗志昂扬，冒雨出发，奔赴抗战前线。他们乘坐小火轮，沿赣江而下，先抵吉安，29 日到达前方重镇樟树。他们沿途大张旗鼓发动群众，宣传抗日，慰劳伤兵，赈济灾民，采用召开群众大会、座谈会募捐、街头演讲、张贴标语、绘制漫画、表演歌咏和活报剧、代写书信、赠送慰问金，给难民发放食盐等慰问品，免费治疗疟疾等多种服务方式。他们编写的《战地通讯》在江西《民国日报》连载。他们服务前方、鼓舞人心、激励士气的活动，蜚声赣江两岸。

　　7 月 4 日，姚名达率战地服务团，到达樟树前线五十八军部驻地桐木桥。在招待军部将领的茶会上，姚名达激昂地演

▲国立中正大学校门

说："我们全体团员都是抱着牺牲的决心而来的，我们绝不像一般普通慰劳团体，驻在前线的后方。我们是愿意在最前线帮战友们去抢救伤兵等工作。"他还说："一般人以为，大学生是国家之宝，不应在最前线牺牲，而应留在将来建国之用的。这种见解是错误的，我以为现在能够参加抗战工作的人，将来才能担任建国的工作。"7 月 5 日黄昏时分，战地服务团到达第一野战医院，姚名达带领团员救护、抚慰受伤战士，忙到近半夜。战况突变，军部发来了紧急命令，战地服务团只好随野战医院立即向西面樟树方向撤退。黑夜里，枪炮声中，服务团摸索着退路。6 日早晨到汀桥，一部分团员已经分散。四面八方响起了枪炮声，敌人的大部队正沿着我军退却的路线围追堵截，团员饥饿、疲劳、体力不支，只能跟着只有几条枪、带着伤病员的辎重队走。上午，敌机出动，不断在头上低空盘旋，几次俯冲和扫射，队伍被冲散成五六队，随后队伍又被敌骑兵截断，在前面的团附李剑声带着五六个团员，跟上队伍走了。姚名达在五十八军部曾看过军事地图，知道有向新干集结的预案，断定樟树危险，于是决定向西南取路新干或吉水。6日下午，他们在凄风苦雨中行进，傍晚到达离军部预定的一条路线转扎地店下街不远处，摸到半山腰一家孤立的茅屋休息了一夜。

7日天亮，军部情报科长指出新干这条路是安全的，但是战地服务团的团员个个疲惫不堪，最不济的还生病发高烧，慢慢地拖着走，大半天也走不到30里，到桑村已经是下午3点多了，姚名达考虑了很久，尽管他清楚走新干这条路是最安全的，但是生病的人走不了30里路了，因此改变了决定，去了15里路远赣江边的石口，再乘船到新干。夕阳西下，姚名达带领着生病团员一行11人走到石口村村外2里地，遇上了张升华，因为天色已晚，且大部分成员已经筋疲力尽，虽然姚名达见此人不像朴实的乡农，但也别无选择，来到张氏大屋。为了安抚住战地服务团的人员，张升华还肯定地说："鬼子从樟树下来，停在上头15里地。不要紧，明天过江都可以。"他还说自己是船家，可以帮助大家渡江。姚名达与他商量好价钱，决定分两次夜渡赣江。吃过饭张升华就走了，极度疲惫的人们倒头就睡下去了。姚名达心里还是十分疑惑，他提醒大家要警戒，预备不测，并安排了一人值班。深夜里，突然从四周迸发出一阵群狗的狂吠声，不出姚名达所料，张升华就是汉奸，他带着鬼子来了。姚名达挥舞着拳头，吼声像夜空中的霹雳："真的是日本人来了！我们准备拼命！所有的人都来！来！来！"战地服务团的师生们面对凶恶的日军，用他们的年轻生命和满腔热血，赤手空拳与强敌搏斗。姚明达先毙敌一人并夺枪一支，后中弹身亡，时年37岁。22岁的吴昌达也在这次搏斗中壮烈殉国。"捐躯赴国难，视死忽如归。"

▲中正大学成立的报道

1943 年 3 月 25 日，国民政府颁布褒扬令。1987 年，中华人民共和国民政部正式追认姚名达为革命烈士。中正大学是八年抗战期间创办的唯一的大学，也是唯一组织了战地服务团上前线的大学，服务团团长姚名达是抗战期间唯一与日军搏斗而牺牲的教授。国立中正大学校长胡先骕在纪念姚名达殉国一周年时，曾高度赞扬他"绝学有遗著，千秋有定评"，"英风传石口，大节振江西"。2002 年，为纪念姚名达教授殉国 60 周年，百岁老人雷洁琼亲笔题词："抗战捐躯教授第一人。"

八女投江：

巾帼英魂，光照千秋

　　为了主力部队迅速摆脱敌人的攻击，她们与日伪军展开激战，主动吸引日伪军火力，在背水战至弹尽的情况下，面对日伪军逼降，誓死不屈，毁掉枪支，挽臂涉入乌斯浑河，高呼："打倒日本帝国主义！"高唱《国际歌》，集体沉江，壮烈殉国，写下"八女投江"的壮丽篇章。她们就是东北抗联妇女团的八位女英雄，最大的 23 岁，最小的只有 13 岁。她们是中华儿女尤其是女战士抗击外侮的最杰出的群体代表之一，让我们永远记住这八位女战士的名字：冷云（原名郑志民）、胡秀芝、杨贵珍、郭桂琴、黄桂清、李凤善、王惠民、安顺福。

　　1938 年夏天，日本关东军纠集伪蒙、伪满军在松花江下游展开了三江大讨伐，东北抗联第四、第五军为摆脱困境，粉碎敌人企图将活动在松花江下游地区的抗

▲ 东北抗联妇女团团长冷云

联部队聚而歼之的阴谋，决定向黑龙江省西南的五常地区进行
远征，开辟新的游击区。

1938 年 5 月，抗联第四军主力与第五军 2 师，在宝清大叶
子沟集结后，向牡丹江下游的远征集结地刁翔一带集结，由于
部队不断遭到敌人阻击，克服重重困难直到 6 月下旬才到达刁
翔地区。抗联第四军、第五军组成了近 2000 人的西征队伍。
第五军妇女团的冷云等女战士也奉命参加此次远征。7 月 2 日，
西征部队从林口县莲花镇出发，袭击了牡丹江岸的三道通小
镇，攻下了西岸的伪警察分署和东岸的日军守备队驻地，得到
了一些给养和武器弹药。接着西征军在四道河子宿营，会合了
第五军妇女团等后方人员，继续向西挺进，经过 300 多里荒无
人烟的高山密林地带，在 7 月上旬进入苇河县境内。一路上，
上有日寇的飞机侦察轰炸，下有追兵追击，战斗频繁惨烈。冷
云和妇女团的女战士和男同志一起跋山涉水、并肩作战，并于
7 月 12 日参加了著名的珠河县（现尚志市）的楼山镇战斗。①

楼山镇战斗的胜利，使我军得到了给养、弹药补充，也震
惊了敌人。敌人从哈尔滨等地调集重兵进行"围剿"。楼山镇
战斗之后，按总部安排，妇女团的少数人随第五军军部返回刁
翔，多数人继续随第五军 1 师西征。

8 月，抗联各路西征部队到了五常县境内，由于战略意图
被日寇窥破，敌人调集 10 倍于西征军的兵力，采取空中飞机
跟踪、扫射、轰炸，地面大队围追堵截等战术，破坏西征军计
划，使西征军天天作战。由于西征军对地形不熟，加之给养极
度匮乏，仅能以生土豆和刚长粒的生玉米棒子充饥，有时只能
以野果、树叶果腹，伤亡惨重。抗联第四军军长李延平、副军

---

① 于春芳主编：《八女投江史实考》，中国文史出版社 2008 年版，第 125 页。

长王光宇等指挥员和大批战士相继牺牲，西征部队全部溃散。第五军1师、2师只剩下100多人，决定返回牡丹江下游刁翔地区寻找军部。这时原有30余人的妇女团，经过多次激烈的战斗，大部分也牺牲了，只剩下指导员冷云、王慧民和李凤善等八名同志。他们跟随部队穿行在人迹罕至的原始森林之中，跋山涉水、风餐露宿，以山果野菜和河沟里的鱼虾蛤蟆之类充饥。

这支由师部和1师2团3连，第2师4连、1、2连及妇女团八名女战士组成的百余人的抗联队伍，原打算从此处渡过乌斯浑河，向北经过马蹄沟、碾子沟，到依兰县土城子一带牡丹江边的克斯可山区，去找抗联第二路军总部及第五军稽查处（联络部）。秋雨连绵，河水暴涨，道口难辨，且没有渡船。队伍只好露营在三家子村西北的乌斯浑河西岸老道口附近的谷地之中。此处人迹罕至，是抗联秘密交通线的经过之处。这里平时水浅，人车马匹徒步即能涉过。10月的黑龙江天气非常寒冷，有的水坑里已经结成了薄冰，冷风吹来，寒气逼人。由于战斗频繁和长期攀山穿林，饥饿行军，大家已经极度衰弱和疲乏，身上的衣服早已破烂不堪。为了御寒且歇歇脚，大家拾取干柴枝，在山脚下的避风处散落地燃起十多堆篝火取暖。

虽然生活在战斗环境中，随时面对枪林弹雨的冲击，江滨、河谷、野地等恶劣环境及缺衣、断食等重重困难，但妇女团的八位女战士仍然保持着乐观的革命主义精神。她们依偎在一堆篝火旁取暖，抓紧时间给男同志缝补衣裳。指导员冷云把只有13岁的小战士王慧民搂在怀里，把她两只小手放进自己的胸前。这个小战士的父亲参加抗联第五军，在军部任军需副官，家里房屋被日军烧毁，弟弟妹妹跟着母亲到处躲避日伪汉奸的追捕，她12岁就参加了第五军妇女团。她参军后不久，父亲就在战斗中牺牲了。小王还保持着孩童般的天真，畅想着回到军部的快乐生活。

就在冷云她们围火休息的时候，日本密探、大特务葛海禄从附近的样子沟下屯（今刁翔镇民主屯）到上屯找情妇作乐，在西山岗梁上望见西山河滩有几簇火光在闪动，凭着多年绿林生涯和汉奸走狗的嗅觉，他判定烈火浓烟处必定有抗联队伍在那儿露营。他连滚带爬返回样子沟向日本守备队报告。驻刁翔日军司令熊谷大佐当即命令所属各部和伪军约千余人趁着夜幕，从四河屯方向摸向抗联露营地。由于日伪军一时搞不清抗联部队的底细，没有敢在夜间攻击，只得诡秘地潜伏在抗联队伍附近，等天亮再出动袭击。

第二天拂晓，抗联队伍整装待发。湍急的乌斯浑河水位因为上涨淹没了过河的道口，无法确定准确位置。关书范师长命令会泅水的师部参谋金世峰带领八名女同志先行渡河。金参谋先下河试探深浅往前游，让冷云等八名战士跟在后边。冷云她们正要下河，突然枪声大作，潜伏的日伪军见抗联队伍启程，发动攻击。突如其来的恶战让抗联战士猝不及防，他们边打边向西边的柞木岗密林方向撤退，但为时已晚，被敌人紧紧咬住，无法脱身。冷云等八名女战士隐蔽在河的对岸。

冷云看到日伪军紧紧咬住大部队不放，大部队战友即将被敌人包围，形势很严峻。她觉得自己所在的地点正好是吸引敌人、掩护大部队安全转移的好位置。为了掩护大部队快些撤走，便让战友们隐蔽在柳条丛后边，做好与敌人血战到底的准备。她毅然命令："同志们，快！向敌人开火，把敌人火力引过来，让大部队冲出去！""是，让大部队冲出去！我们牺牲了也值得！"七名女战士异口同声地回答。八支长短枪一齐向敌人开火。敌人背后遭到猛烈袭击，不知虚实，害怕腹背受

▲乌斯浑河

敌，于是调整部署，分兵向河边扑来。冷云等八位女战士的果敢行动，吸引敌人火力，分散敌军兵力，为大部队突出重围创造了的有利条件。战友们趁混乱之际，迅速冲出重围，摆脱敌人追击，潜入密林。已突围的大队领导人，发现冷云等八名女战士为掩护大队突围，仍据守在河边，牵制敌人的火力，处境非常危险，于是又率队折转回来，向敌人进行反击，想杀开一条血路，把冷云等八名女同志接出去。可惜战机已失，各处有利位置和制高点全被日伪军抢占，敌人以凶猛剧烈的枪炮火力控制了整个战场，抗联反冲锋队伍无法前进，人员伤亡不断增加。已身陷绝境的八名女战士目睹了这一切，都被战友们舍生忘死的援救行为和高尚品德所感动。她们意识到倘若大队战友继续为了拯救自己而恋战下去，必将导致全军覆没。冷云她们对着远处齐声高喊："不要管我们！保住手中枪，抗日要紧！"八位女英雄三次感天动地的喊话，唤醒了怒不可遏的救援战友，鲁莽硬拼是不值得的，救援无望，他们只能挥泪忍痛，向柞木岗密林深处撤退。

看着战友们胜利突围，革命力量得以保存，冷云等八名抗联女战士都感到很欣慰。她们互相勉励着争取更多地杀伤敌人，为大部队安全转移赢得更多的时间。她们个个视死如归，沉着冷静地向敌人射击。眼看抗联部队突围成功，日伪军气急败坏地向冷云她们据守的河岸阵地猛扑过来，企图凭借人多势众的优势活捉她们。敌人的算盘打错了，冷云等八位女战士，虽然人少力单，使用的都是轻武器，弹药也很少，但是她们具有抗联战士共同的气质——自立于民族独立之林，誓与侵略者血战到底的英雄气概。她们在敌人疯狂的进攻面前毫不怯懦，沉着勇敢地战斗。八支枪口一齐对准敌人，颗颗子弹穿透日寇的脑袋和胸膛，她们八人将河岸筑成了杀敌的钢铁长城。

冷云等发现敌人采用"羊群战术"，就决定利用手榴弹在羊群、蜂窝里开花的打法，以茂密的柳条丛为屏障，等敌人挨近前沿阵地的时候，冷云一声"打"，八颗手榴弹同时飞入敌群。敌人一时摸不清柳条丛里的底细，没敢再发动冲锋，只得紧紧趴在地上，躲在草丛中，向河岸的柳条丛里胡乱射击。

天亮了，冷云抬头向四周扫视，发现已被打得光秃秃的河岸阵地仅有几处柳毛丛，难以隐身。那些能够遮身的荒草，有几处被炮火烧着，冒着浓烟向四处蔓延；身后是波涛汹涌的大河，卷着巨浪，向北奔腾流去；河对岸是大、小关门嘴子山，山上经霜的柞叶，在晨曦的照射下红彤彤的，像无数面血染的战旗。

冷云刚要下令向河岸坎下撤退时，狡猾的敌人趁着炮火掩护，又向八女阵地发起大规模的冲锋。这次敌人兵分三路向河边推进，大批正面突击。冷云等八战士迎战三面之敌，一面射击一面向敌群投掷手榴弹。硝烟散去，顽敌又一次冲上来，敌人被炸得鬼哭狼嚎，死伤惨重。敌人退却了，暂时停止了进攻。抗联女战士黄桂清、郭桂琴负了伤，安顺福、胡秀芝、李凤善、王惠身边是即将烧身的大火。冷云命令架起负伤的战友，借着荒草燃烧的浓烟迅速地撤到河边土坎下。

指导员冷云让大家检查子弹，此时子弹已经打光，手榴弹也只剩下三颗。她们面前的日伪军却如蝗虫般涌来，背后是哗哗奔腾的河水。她们八人，不会凫水，又有伤员，加上历经长期恶战极度疲劳，摆在她们面前的只有两条路：被俘或战死。面对着朗朗乾坤、熊熊烈火、滚滚硝烟、滔滔河水，八位女战士心潮澎湃，她们意识到为祖国而死是光荣的，被敌人俘虏，必受凌辱。指导员冷云望着大家，坚定地说："咱们是共产党员、抗联战士，宁死也不做俘虏！现在只有趟水过河。能过去，就找到军部继续抗日，战斗到底；过不去，就跟乌斯浑河水永生吧！""指导员说得对！咱们宁可站着死，也不能跪着生！过河！"安顺福大姐坚决地响应。"对！过河！"同志们齐声回答。"好！咱们还有三颗手榴弹一定要用到节骨眼上！"冷云指挥大家准备过河转移。

这时，敌人发现河边只有几个抗联战士，恶狼似的冲了上来，不住地号叫着："你们跑不了啦，赶快投降！""捉活的！捉活的！""同志们，下河！"指导员冷云斩钉截铁地下达了最后一道命令，她把空匣枪插进腰里，同时猛地站起来向敌群投出一枚手榴弹，接着安顺福站起来、杨贵珍站起来，相继投出第二颗、第三颗手榴弹。最后一批手榴弹在敌群中爆炸了，敌人魂飞魄散，扑倒一片。战友们互相搀扶着下到河里。突然，从对面远处飞来一串子弹，王惠民身子一歪倒下了，冷云刚要去抱她，一颗子弹打中了她的肩头，胡秀芝赶忙把她扶住。安顺福抱起小王朝前走。她们这才发现河东岸小关门嘴子山头的石墙也被日军抢占了，他们用机枪封锁江面，那几串罪恶的子弹就是从那里射过来的。冷云用手捂着伤口，坚定地说"走！"胡秀芝搀扶着冷云，杨贵珍和李凤善背起负伤的小黄和小郭，大家手挽着手，高唱着《国际歌》，向河心走去。"……满腔的热血已经沸腾，要为真理而斗争！"水深浪急，寒流刺骨，悲壮的歌声回荡在乌斯浑河的上空。

愚蠢的侵略者这才醒悟过来，将他们上千的人马拖在河边三四个小时，还使他们损失了十数名日伪兵的原来就是几名女战士。敌人幻想用金钱和活命来诱降八位女战士，他们在河边奔跑呼喊："回来！上岸上来！回来，金票大大的，生命的保障！"然而回答他们的只有乌斯浑河河水的汹涌奔流。黔驴技穷的敌人气急败坏，日军桥本队长歇斯底里地叫嚷："打！统统地死了死了的有！"子弹呼啸着从女战士们的头上、身边飞过，她们忽而倒在浪花里，忽而又挣扎起来，矗立在激流中。敌人的一颗炮弹在她们的身边爆炸，掀起一股巨浪，水面上再也看不见女英雄们的身影，再也听不见悲壮的歌声，只有奔腾的浪花，汹涌的波涛，向远处的牡丹江流去，流去……

冷云等抗联八女的大义凛然、投河殉国的壮烈场面，使熊谷大佐及其部下惊愕伫立，呆若木鸡。日本关东军、守备队和伪军的这次千人队伍的"讨伐"，竟落得抛尸荒野、遍地狼藉，不得不沮丧收场。日军熊谷大佐摇晃着大脑袋哀叹："中国，连女人死都不怕，中国的灭亡的不了……"①

---

① 温野：《八女英魂照千秋》，载黄涛、史立成、毛国强编著：《中国共产党抗日英雄传》，解放军出版社 2005 年版，第 407 页。

突出重围的战友几天后找到了第五军军部，后来，军长柴世荣到八女战斗过的地方，沿乌斯浑河两岸向下游找寻八女遗体。在乌斯浑河的柳毛中，找到了冷云、王慧民等五位烈士遗体，将她们埋葬在乌斯浑河岸边。

1982 年，中共林口县委、县政府在乌斯浑河东岸的小关门嘴子山坡上，建立起雄伟的烈士纪念碑，上面镌刻着抗联老战士、黑龙江省省长陈雷的亲笔颂词："八女英魂，光照千秋。"碑文铭刻着东北抗日联军的八名女战士的英名和她们可歌可泣的光辉业绩。为弘扬八女先烈的精神，1986 年 9 月 7 日牡丹江市举行"八女投江纪念碑"奠基典礼。时任全国政协副主席、全国妇联主席的康克清为工程奠基题词："八女英灵，永垂不朽！"

抗联八女爱国先烈，将永远活在人民心中。

▲八女投江的雕塑

胶东十勇士：

热血映染马石山

为了带领百姓突出敌人的包围，他们不顾个人生死安危，三次往返于敌人的火网，将1000多名群众安全护送出去。面对数倍于己的敌人，他们不退缩，勇敢向前，直到生命的最后一刻。他们到死也没有留下一份完整的名单，人们不能说出他们的全部名字，只能用"马石山十勇士"来称呼他们。他们就是在马石山营救抗日军民的胶东军区5旅13团7连2排6班的十名战士，虽然人们不能一一说出他们的名字，但是作为一个英雄的群体，他们却永远活在人们心中。

1942年11月，日军华北方面军司令官冈村宁次亲自指挥日伪军两万多人，对胶东抗日根据地开始空前规模的大"扫荡"。敌人采取拉网大扫荡的方式，对胶东根据地不落一村一户、不漏一山一沟进行搜索，"梳篦"前进。为了彻底搜索，日伪军每天只行进十几公里，白天摇旗呐喊，夜间就地宿营，无山不搜、无村不梳，稍有动静，便鸣枪示警，只要一处枪响，便四处一起开火。莱阳、海阳、文登、牟平、栖霞、福山等地成千上万的群众都被"网"了进来，人们纷纷向马石山逃命。

▲日军在胶东的碉堡

　　马石山位于乳山县西面，因石头酷似马而得名，东西走向，绵亘十几公里，地势险要，是敌人拉网扫荡的"收网"之处。胶东军区指挥机关和区党委、行政主任公署等党政机关团体常驻马石山周边各村，敌人企图在马石山将抗日军民一网打尽。

　　被围困的群众有 2000 多人，听着敌人的枪声越来越近，惊慌地乱成一片，正在大家走投无路的时候，从西面来了十位八路军战士。他们是胶东军区 5 旅 13 团 7 连 2 排 6 班的十名战士，几天前去东海军分区执行任务，归途中发现被敌人"网"在此处，决定留下来带领乡亲们突围。他们已经分批带走了很多老乡，现在返回来准备把困在马石山前的乡亲救出去。

　　人们看到八路军来了，心中一下感觉有了希望，他们把十位战士围起来，向他们诉说周围的情况。听着乡亲们的诉说，战士们心中充满了对敌人的仇恨，他们抱定誓死掩护群众突围的决心。班长王殿元用亲切的目光望着乡亲，亮开嗓子说："乡亲们不要怕，咱们地熟、路熟，还愁冲不出去吗？乡亲们尽管放心，我们带领你们往外冲，有我们在，就有大家在……"

王殿元刚说完话，一位白发苍苍的大娘将两个孩子带到了他们面前，动情地说："这两个孩子的爹妈是为打鬼子牺牲的，上级把他们寄养在我家，说什么也要想办法将他们带出去，让他们长大了给爹娘报仇！"听着大娘的述说，战士们心如刀绞，大个子战士赵亭茂用坚定地口气对大娘说："您老人家将孩子交给我吧，只要我老赵在，就一定能把两个孩子带出去。"赵亭茂是 6 班的机枪射手，和王殿元都是 13 团 7 连的老兵，参加过上百次的大小战斗，是 6 班的战斗骨干。

班长王殿元做了最后动员："各位父老乡亲，请放心，我们是人民子弟兵，是共产党、毛主席教导出来的革命战士，生死和大家在一起。我们一定把大家带出去！"

夜幕时分，敌人在马石山四周燃起了篝火，持枪来回巡视。王殿元同大家分析了敌情，认为敌人很可能在天亮后在马石山"收网"，对抗日军民进行大屠杀，遂决定连夜带领群众突围出去。当天夜里，日军没有上山，半夜过后，乡亲们在十名战士的带领下，悄悄来到西北面的一条大沟里。日军在沟口两面的山包上燃起火堆，席地而睡，准备第二天的扫荡。经过侦察，为了缩小目标，班长王殿元决定分两次向外突围。他带领李贵等三位战士，分别爬上沟两侧的山脊，向不远处山包上的火堆摸去，他们借着火光以迅雷不及掩耳之势将巡逻的哨兵杀掉，并顺势将火堆旁的零散敌人刺死，在包围圈上撕开了一个缺口。困倦的敌人没有发现这个缺口，王殿元等十战士带领紧群众分别从这几条突围口有序冲出，奔向安全地带。

送走第一批突围出去的乡亲，王殿元带领九位战士返回转移第二批群众。当第二批群众刚爬上土岭时被敌人发觉了，疯狂的敌人追上来，机枪、步枪一齐向突围的人群扫射。情势危急，王殿元立即向战友喊道："机关枪吸引敌人火力，其他人跟我来，坚决顶住敌人！"大个子机枪手、小个子弹药手立刻将火力吸引过来，一些群众趁此机会，拼命向土岭下奔跑。

激战中，十几个日军向王殿元带领的战士周围包抄过来，双方展开短兵相接的白刃战。战士们毫无畏惧，与敌人拼起刺刀，最后以6班胜利告终。但6班也付出了血的代价，战士王文礼英勇牺牲，班长王殿元等人负伤。

当6班勇士们护送完沟内最后一批群众冲出沟口准备转移的时候，一位十几岁的小姑娘向战士们哭诉，她全家还没有出来，全在西南面的沟里。那里还有尚未突围的另一部分群众。此时，天已大亮，王殿元明白，再次返回肯定是凶多吉少。可是作为人民子弟兵，他又岂能眼睁睁看着自己的同胞被敌人杀害。于是，他以坚定的口气对战士们说："同志们，走，咱们再冲回去！"

6班九名战士又来到马石山西侧的一条山沟里，这时马石山西南角忽然发出一阵激烈的枪炮声，枪声越来越近。漫山遍野的日伪军从东、西、南三面一次又一次地向平顶松周围攻击，很快浓烟弥漫——敌人已经开始"收网"了。"乡亲们，快跟我们冲出去！"班长王殿元大声招呼躲在沟内的群众。

晨曦中，6班九名战士迅速抢占有利地形，向敌群发起猛烈攻击。他们端着刺刀，冲进敌群。战斗中，又有两位年轻的战士倒下了，他们用鲜血和生命为被围困的群众打开了一个突破口。就在群众顺着口子突围的时候，日军两个小分队分别从东西两面围过来。王殿元当机立断，命令全班："牵制住敌人，把鬼子引到山上去！"战士们边打边退，一直把敌人引到半山腰，王殿元估计突围的群众已跑远，便率领战友上了马石山主峰。

初冬的早晨，寒气袭人。战斗了一夜的战士又累、又困、又饿、又冷，但没有一人叫苦。他们以压倒一切敌人的英雄气概，凭借有利地形，与数十倍与己的敌人拼杀五个多小时，打退了敌人一次又一次冲锋。子弹打光了，就用刺刀拼、石头砸，与敌人展开白刃战。战斗到最后，只剩下身负重伤的王殿元和赵亭茂、李贵两名战士，他们手中只剩下两枚手榴弹。

中午，日军调集大量兵力从马石山南面和东西两侧又一次向山顶发起猖狂的进攻。王殿元严肃地对身旁的两位战士说："今天我们完成了一项非常光荣的任务，我们全班十个同志，同地方干部、民兵一道，数次往返冲破敌人的火网，护送出大批群众，打死七八十个鬼子兵，我们没有辜负党的培养和人民的期望。现在，我们冲出去是不可能了，反合围，只剩下这两颗手榴弹，你们看怎么办？"战士李贵坚定地说："我们是革命战士、共产党员，活不当俘虏，死不交枪，咱们先把枪砸了吧！""对！革命的武器，决不能留给敌人"王殿元说着先把自己的枪砸了。机枪手赵亭茂抱着机枪，心里十分难受。这挺机枪可是九子峰战斗胜利后，团长亲自发给他的。他扛着这挺机枪艰苦转战，打死了多少敌人，现在要毁掉它，心里别提多难过了。但眼前的处境让他别无选择，他只好狠狠心，将机枪零件小心翼翼地拆下来……

日军再一次冲上阵地，王殿元用尽全力，将一颗手榴弹扔向敌群。在敌人即将冲到跟前时，他们拉响了最后一颗手榴弹，与敌人同归于尽。

▲ 马石山惨案死难者尸体

▲ 马石山被砍头的无辜村民

　　日军撤离马石山后，人们来到烈士浴血奋战的主峰，找到了王殿元、赵亭茂和李贵的遗体，将他们安葬在山顶那棵平顶松附近，并为十勇士和所有在马石山牺牲的烈士树立了纪念碑。

凛凛十勇士，

扬威马石山。

往返破敌网，

血路开复关。

千家脱险境，

壮士永不还。

年年朔风里，

犹闻杀声酣。①

至今人们也没有获得十勇士的完整名单，只证实了其中七位的名字，分别是：王殿元、赵亭茂、李贵、王文礼、杨德培、李武斋和宫子藩，其他三位，迄今无人知其姓名。"马石山十勇士"成为这个英雄群体的称号，永远活在人们心中。②

▲马石山抗日烈士纪念堂

① 刘善义：《马石山上十勇士——记胶东军区十三团英雄班长王殿元等十勇士》，载黄涛、史立成、毛国强编著：《中国共产党抗日英雄传》，解放军出版社 2005 年版，第 415 页。

② 王贞勤：《壮哉，马石山十勇士》，载《红岩春秋》2013 年第 6 期。

附　录

民政部公布第一批著名抗日英烈名录

中华人民共和国民政部 2014 年 9 月 23 日公布的第一批 300 名著名抗日英烈和英雄群体名录（按牺牲年份和姓氏笔画排序）：

孙铭武（1889—1932）　辽东血盟抗日救国军总司令

罗伯特·肖特（1905—1932）　军政部航空学校美籍飞行教官

滕久寿（1899—1932）　国民革命军陆军第十九路军吴淞要塞司令部参谋长

刘三春（1911—1933）　东北人民革命军南满第一游击大队政治委员

孟杰民（1912—1933）　中国工农红军第三十二军南满游击队总队长兼第 1 大队大队长

邓铁梅（1892—1934）　东北民众自卫义勇军第二十八路军司令

吉鸿昌（1895—1934）　察哈尔民众抗日同盟军第二军军长、北路军前敌总指挥兼察哈尔警备司令

童长荣（1907—1934）　中共东满特委书记

孙永勤（1893—1935）　民众抗日救国军军长

李红光（1910—1935）　东北人民革命军第一军参谋长兼第 1 师师长

王德泰（1907—1936）　东北抗日联军第一路军副总司令兼第二军军长

张敬文（1902—1936）　中共哈尔滨市市委书记

李世超（1904—1936）　中共满洲省委代理秘书长

李学忠（1910—1936）　东北抗日联军第二军政治部主任

赵一曼（1905—1936 女）　东北人民革命军第三军 1 师 2 团政治委员

夏云杰（1903—1936）　东北抗日联军第六军军长

王仁斋（1906—1937）　东北抗日联军第一军 3 师师长

邓玉琢（1903—1937）　国民革命军陆军第六十七军 107 师参谋长

乐以琴（1914—1937）　空军第四航空大队二十二中队分队长

朱　赤（1900—1937）　国民革命军陆军第九集团军 88 师 262 旅旅长

佟麟阁（1892—1937）　国民革命军陆军第二十九军副军长

吴克仁（1894—1937）　国民革命军陆军第六十七军军长

吴继光（1903—1937）　国民革命军陆军第七十四军 58 师 174 旅旅长

宋铁岩（1909—1937）　东北抗日联军第一军政治部主任

张中华（1912—1937）　东北抗日联军第五军政治部主任

张甲洲（1907—1937）　中国工农红军第三十六军江北独立师师长

张诚德（1880—1937）　国民革命军陆军骑兵第二军 3 师师长

李兰池（1898—1937）　国民革命军陆军第五十七军 112 师副师长

李伯蛟（1897—1937）　国民革命军陆军第二十八军 63 师 187 旅旅长

陈荣久（1904—1937）　东北抗日联军第七军军长兼第 1 师师长

官惠民（1901—1937）　国民革命军陆军第四军 90 师 270 旅旅长

庞汉桢（1901—1937）　国民革命军陆军第七军 170 师 510 旅旅长

易安华（1900—1937）　国民革命军陆军第九集团军 87 师 259 旅旅长

罗策群（1893—1937）　国民革命军陆军第六十六军 159 师副师长

郑廷珍（1893—1937）　国民革命军陆军第九军独立 5 旅旅长

姚子青（1909—1937）　国民革命军陆军第十八军 98 师 292 旅 583 团 3 营营长

姚中英（1896—1937）　国民革命军陆军第八十三军 156 师参谋长

姜玉贞（1894—1937）　国民革命军陆军第三十四军 65 师 196 旅旅长

赵崇德（1910—1937）　八路军第 129 师 358 旅 769 团 3 营营长

赵登禹（1898—1937）　国民革命军陆军第二十九军 132 师师长

郝梦龄（1898—1937）　国民革命军陆军第九军军长

饶国华（1895—1937）　国民革命军陆军第二十一军 145 师师长

夏国璋（1896—1937）　国民革命军陆军第七军 172 师副师长

秦　霖（1900—1937）　国民革命军陆军第七军 171 师 511 旅旅长

高志航（1908—1937）　空军驱逐机部队司令兼第四航空大队大队长

高致嵩（1899—1937）　国民革命军陆军第九集团军 88 师 264 旅旅长

梁鉴堂（1897—1937）　国民革命军陆军第三十三军 69 师 203 旅旅长

萧山令（1892—1937）　国民革命军陆军南京卫戍军宪兵副司令

阎海文（1916—1937）　空军第五航空大队飞行员

黄梅兴（1897—1937）　国民革命军陆军第九集团军 88 师 264 旅旅长

谢彩轩（1896—1937）　国民革命军陆军第六十六军 159 师 477 旅旅长

蔡炳炎（1902—1937）　国民革命军陆军第十八军 67 师 201 旅

旅长

　　马尔克·尼古拉耶维奇·马尔琴科夫（1914—1938）　苏联空军志愿队队员

　　马威龙（1906—1938）　国民革命军陆军第二十七军46师136旅旅长

　　王平陆（1901—1938）　华北抗日联军第三军区一支队司令员

　　王光宇（1911—1938）　东北抗日联军第四军副军长

　　王祯祥（1900—1938）　国民革命军陆军第十二军20师副师长

　　王铭章（1893—1938）　国民革命军陆军第四十一军122师师长

　　王锡山（1902—1938）　国民革命军陆军第五十三军91师副师长

　　邓佐虞（1898—1938）　国民革命军陆军第七十五军139师参谋长

　　冯安邦（1885—1938）　国民革命军陆军第四十二军军长

　　叶成焕（1914—1938）　八路军第129师386旅772团团长

　　刘连科（1917—1938）　八路军冀东抗日联军参谋长

　　刘桂五（1902—1938）　国民革命军陆军骑兵第二军6师师长

　　刘震东（1893—1938）　国民革命军陆军第五战区司令部高级参谋兼第2路游击司令

　　刘曙华（1912—1938）　东北抗日联军第八军政治部主任

　　朱炎晖（1901—1938）　国民革命军陆军第九十四军85师546旅旅长

　　朱家麟（1892—1938）　国民革命军陆军第四十军39师115旅旅长

　　李延平（1903—1938）　东北抗日联军第四军军长

　　李学福（1901—1938）　东北抗日联军第七军军长

　　杨靖远（1902—1938）　八路军冀鲁边区津南军分区司令员

　　沈东平（1905—1938）　中共河南省委委员兼中共豫东特委书记

　　陈宇寰（1897—1938）　八路军冀东抗日联军副司令员

陈钟书（1891—1938） 国民革命军陆军第六十军 183 师 542 旅旅长

陈锦秀（1911—1938） 八路军第 115 师 344 旅 688 团团长

陈德馨（1904—1938） 国民革命军陆军第五十五军 29 师 86 旅旅长

周　元（1894—1938） 国民革命军陆军第四十八军 173 师副师长

周卓然（1904—1938） 国民革命军陆军骑兵第六军 7 师师长

周建屏（1892—1938） 八路军晋察冀军区第四军分区司令员

范　荩（1899—1938） 国民革命军陆军第五十四军 198 师副师长

范筑先（1882—1938） 山东省第六区行政公署专员兼保安司令

洪麟阁（1902—1938） 八路军冀东抗日联军副司令员兼第 3 路总指挥

赵渭滨（1894—1938） 国民革命军陆军第四十一军 122 师参谋长

赵锡章（1901—1938） 国民革命军陆军第十九军 70 师 215 旅旅长

理　琪（1908—1938） 山东人民抗日救国军第三军司令员兼军政委员会主席

萨师俊（1895—1938） 海军第一舰队中山舰舰长

黄启东（1891—1938） 国民革命军陆军第二十七军 23 师参谋长

谢升标（1903—1938） 国民革命军陆军苏、浙、皖游击司令

韩明柱（1913—1938） 八路军胶东抗日联军指挥部副指挥

丁思林（1913—1939） 八路军第 129 师 386 旅新 1 团团长

马耀南（1902—1939） 八路军山东纵队第三支队司令员

方叔洪（1908—1939） 国民革命军陆军第五十一军 114 师师长

王禹九（1902—1939） 国民革命军陆军第七十九军参谋处处长

王根英（1907—1939 女）　八路军第 129 师供给部财经干部学校政治指导员

邓永耀（1912—1939）　八路军第 129 师东进纵队政治部主任

叶辅平（1902—1939）　新四军军需处处长

江上青（1911—1939）　中共皖东北特委委员

牟光仪（1900—1939）　中共胶东区党委职工部部长

吴　焜（1910—1939）　新四军江南抗日义勇军副总指挥兼第二路司令员

杨裕民（1889—1939）　八路军冀东抗日联军第一路政治部主任

陈安宝（1891—1939）　国民革命军陆军第二十九军军长兼第 79 师师长

茅丽瑛（1910—1939 女）　中国职业妇女俱乐部主席

胡发坚（1906—1939）　新四军第一支队参谋长兼江南抗日义勇军第 3 路副司令员

唐聚伍（1899—1939）　国民革命军陆军东北游击司令

格里戈里·阿里莫维奇·库里申科（1903—1939）　苏联空军志愿队大队长

诺尔曼·白求恩（1890—1939）　加拿大、美国援华医疗队医生

郭　征（1914—1939）　八路军第 120 师独立 1 旅参谋长

董毓华（1907—1939）　八路军冀东抗日联军司令员

魏大光（1911—1939）　八路军第 120 师独立 2 旅旅长

马振华（1904—1940）　中共冀鲁边区津南地委书记

王　溥（1908—1940）　八路军晋察冀军区游击军司令员

节振国（1910—1940）　八路军冀东抗日联军第二路司令部直属特务大队第一大队大队长

吴隆煮（1914—1940）　八路军第 129 师 386 旅 17 团副团长

张自忠（1890—1940）　国民革命军陆军第三十三集团军总司令

李　林（1914—1940）　八路军第 129 师新编 9 旅 25 团团长兼政

治委员

　　李　林（1915—1940 女）　晋绥边区第十一行政公署委员

　　李　荣（1901—1940）　八路军冀南军区第四军分区司令员兼政
治委员

　　杨木贵（1901—1940）　新四军第三支队军需处主任

　　杨靖宇（1905—1940）　东北抗日联军第一路军总司令兼政治
委员

　　陈文彬（1911—1940）　八路军津南抗日自卫军政治委员

　　陈翰章（1913—1940）　东北抗日联军第一路军三方面军指挥

　　官楚印（1909—1940）　新四军豫鄂挺进纵队路东总队政治委员

　　罗化成（1895—1940）　新四军第二支队政治部主任

　　郑作民（1902—1940）　国民革命军陆军第二军副军长兼第 9 师
师长

　　金方昌（1920—1940）　中共代县县委宣传部副部长兼城关区委
书记

　　姜墨林（1921—1940）　东北抗日联军第二路军总指挥部直属教
导团青年义勇军小队长

　　胡一新（1907—1940）　八路军第 120 师独立六支队政治委员

　　钟　毅（1901—1940）　国民革命军陆军第八十四军 173 师师长

　　闻允志（1904—1940）　八路军冀鲁豫军区第一军分区政治委员

　　徐　秋（1903—1940）　八路军冀鲁豫军区第八军分区司令员

　　顾士多（1914—1940）　新四军江北游击纵队第 2 团副团长

　　顾永田（1916—1940）　晋西北行政公署八分区专员

　　曹亚范（1911—1940）　东北抗日联军第一路军一方面军指挥

　　黄振亚（1905—1940）　琼崖抗日游击队独立总队第三大队队长

　　董天知（1911—1940）　八路军第 129 师决死队三纵队政治委员

　　谢家庆（1912—1940）　八路军晋冀豫军区第四军分区政治委员

　　鲁雨亭（1899—1940）　新四军第六支队一总队总队长

寸性奇（1895—1941） 国民革命军陆军第三军 12 师师长

王立人（1910—1941） 八路军第 115 师政治部敌工部部长

王 竣（1902—1941） 国民革命军陆军第八十军新编 27 师师长

汉斯·希伯（1897—1941） 波兰记者

白乙化（1911—1941） 八路军冀热察挺进军第 10 团团长

白文冠（1873—1941 女） 河北省献县东辛庄村民

任 光（1900—1941） 音乐家

刑清忠（1899—1941） 国民革命军陆军第十五军 65 师师长

刘子超（1906—1941） 八路军山东纵队政治部宣传部部长

刘海涛（1907—1941） 八路军鲁中军区司令员

孙春林（1906—1941） 八路军胶东军区南海军分区司令员

朱立文（1909—1941） 新四军第 5 师 15 旅副旅长

朱鸿勋（1899—1941） 国民革命军陆军第五十三军副军长兼第 130 师师长

朱毓淦（1906—1941） 中共山东鲁中区党委社会部部长

李寿龄（1918—1941） 中共山东清中地委书记

杨 忠（1909—1941） 八路军第 115 师教导 6 旅政治部主任兼冀鲁边军区政治部主任

汪雅臣（1911—1941） 东北抗日联军第十军军长

苏精诚（1915—1941） 八路军第 129 师 386 旅政治部主任兼太岳军区政治部主任

辛 锐（1918—1941 女） 山东姊妹剧团团长

邱东平（1910—1941） 鲁迅艺术学院华中分院教导主任

陈 明（1902—1941） 山东省战时工作推行委员会副主任委员兼秘书长

陈中柱（1906—1941） 国民革命军陆军鲁苏皖边区游击第四纵队司令

陈文杞（1904—1941） 国民革命军陆军第八十军新编 27 师参

谋长

    陈若克（1919—1941 女）   山东省妇女救国联合会常务委员

    周子昆（1901—1941）   新四军副参谋长兼新四军教导总队总
队长

    巫恒通（1902—1941）   新四军第 6 师 16 旅 47 团团长

    林 铎（1915—1941）   八路军第 115 师卫生部政治委员

    武士敏（1892—1941）   国民革命军陆军第九十八军军长

    罗忠毅（1907—1941）   新四军第 6 师参谋长兼第 16 旅旅长

    项 英（1898—1941）   新四军副军长

    唐淮源（1886—1941）   国民革命军陆军第三军军长

    袁国平（1906—1941）   新四军政治部主任

    贾力更（1907—1941）   晋绥游击区行政公署驻绥察办事处蒙政
处处长

    郭 猛（1913—1941）   新四军第 1 师 2 旅 4 团政治委员

    赖传湘（1904—1941）   国民革命军陆军第十军 190 师副师长

    廖海涛（1909—1941）   新四军第 6 师 16 旅政治委员兼政治部
主任

    燕鼎九（1894—1941）   国民革命军陆军第一战区游击挺进军二
十二纵队副司令兼河南省第八军分区保安副司令

    魏拯民（1909—1941）   东北抗日联军第一路军副总司令

    于寄吾（1915—1942）   八路军胶东军区第三军分区政治委员

    孔庆同（1912—1942）   八路军冀中军区第八军分区司令员

    王凤山（1906—1942）   国民革命军陆军第三十四军暂编 45 师
师长

    王远音（1915—1942）   八路军冀中军区第八军分区政治委员

    王泊生（1915—1942）   八路军冀南军区第六军分区政治委员

    包 森（1911—1942）   八路军冀东军分区副司令员

    左 权（1905—1942）   八路军副参谋长

石景芳（1910—1942）　八路军冀鲁边军区第一军分区司令员

孙开楚（1910—1942）　八路军总部后勤部军工部政治委员

孙伯龙（1903—1942）　八路军鲁南军区副司令员

孙毅民（1914—1942）　八路军冀南军区第四军分区政治委员

朱士勤（1904—1942）　国民革命军陆军暂编第 30 师师长

许亨植（1909—1942）　东北抗日联军第三路军总参谋长兼第三军军长

何　云（1905—1942）　《新华日报》华北版社长兼总编辑

吴师孟（1899—1942）　新四军第 2 师军工部部长

张仁槐（1912—1942）　八路军冀中军区政治部宣传部部长

张元豹（1916—1942）　马来西亚共产党中央委员兼宣传部部长

张友清（1904—1942）　八路军前方总部司令部秘书长

张　琦（1910—1942）　国民革命军陆军第六十六军新编 38 师 113 团团副兼第 3 营营长

李永安（1912—1942）　八路军冀鲁边军区渤海军区第三军分区司令员

李竹如（1905—1942）　山东省战时工作推行委员会秘书长

李贞乾（1903—1942）　湖西行政公署专员

李松霄（1906—1942）　冀南第五专署专员

杜子孚（1916—1942）　八路军冀鲁边军区第一军分区政治委员

杨宏明（1910—1942）　八路军冀南军区第四军分区司令员

汪　洋（1913—1942）　八路军鲁中军区第一军分区政治委员

陆升勋（1907—1942）　八路军胶东军区副司令员

陈子斌（1899—1942）　八路军第 129 师新编 4 旅 10 团团长

林心平（1919—1942 女）　金坛、溧阳、宜兴、武进、丹阳五县抗日联合政府文教科科长

林伯熙（1909—1942）　琼崖抗日游击队独立总队第三支队支队长

范子侠（1908—1942）　八路军第129师新编10旅旅长兼太行军区第六军分区司令员

郑文道（1914—1942）　中央社会部情报人员

姚显微（1905—1942）　国立中正大学文史系教授、抗日战地服务团团长

柯棣华（1910—1942）　印度援华医疗队医生

洪振海（1910—1942）　八路军鲁南铁道游击大队大队长

赵尚志（1908—1942）　东北抗日联军第二路军副总指挥兼第三军军长

钟效培（1914—1942）　中共中央山东分局青年运动委员会书记

夏云超（1917—1942）　八路军胶东军区卫生部部长

徐宝珊（1908—1942）　八路军第129师新编8旅24团团长

郭陆顺（1914—1942）　八路军第三纵队回民支队政治委员

郭国言（1913—1942）　八路军太行军区第三军分区司令员

崔曙光（1911—1942）　中共陕甘宁边区党委秘书长

常德善（1910—1942）　八路军冀中军区第八军分区司令员

谢翰文（1904—1942）　八路军总部后勤部政治部主任

窦来庚（1900—1942）　山东省保安第17旅旅长

戴安澜（1904—1942）　国民革命军陆军第五军200师师长

马定夫（1915—1943）　八路军第129师新编10旅30团政治委员

王　璞（1929—1943）　抗日儿童团团长

邓振询（1904—1943）　苏南行政公署副主任

田守尧（1915—1943）　新四军第3师8旅旅长

石嘉植（1918—1943）　八路军冀南军区政治部敌工部行动科科长

孙明瑾（1905—1943）　国民革命军陆军第十军预备10师师长

朱　程（1901—1943）　八路军冀鲁豫军区第五军分区司令员

　　许国璋（1898—1943）　国民革命军陆军第六十七军 150 师师长

　　李　忠（1915—1943）　八路军冀南军区第二军分区政治委员

　　萧永智（1915—1943）　八路军冀南军区第七军分区司令员

　　陈飞龙（1908—1943）　国民革命军陆军第五十八军新编 10 师代理师长

　　周　复（1901—1943）　国民革命军陆军鲁苏战区政治部主任

　　孟昭煜（1918—1943）　八路军鲁南独立支队政治委员

　　易良品（1912—1943）　八路军冀南军区第六军分区司令员

　　郑行福（1908—1943）　新四军第 7 师供给部部长

　　赵义京（1914—1943）　八路军冀南军区第五军分区司令员

　　唐克威（1913—1943）　中共水东地委书记

　　柴意新（1898—1943）　国民革命军陆军第七十四军 58 师参谋长兼第 169 团团长

　　郭好礼（1904—1943）　八路军冀南军区第一军分区参谋长兼路南支队司令员

　　高捷成（1909—1943）　冀南银行总行行长

　　乾云清（1906—1943）　八路军冀中军区第六军分区 40 区队区队长

　　符竹庭（1912—1943）　八路军滨海军区政治委员

　　黄　骅（1911—1943）　八路军冀鲁边军区司令员

　　彭　雄（1915—1943）　新四军第 3 师参谋长

　　彭士量（1904—1943）　国民革命军陆军第七十三军暂编 5 师师长

　　曾仁文（1906—1943）　八路军总部后勤部参谋主任

　　韩增丰（1916—1943）　八路军晋察冀军区第四军分区八区队区队长

　　鲁宝琪（1913—1943）　八路军鲁中军区敌工部部长

　　解蕴山（1905—1943）　冀南第一专署专员

　　雷　烨（1917—1943）　　八路军晋察冀军区冀东军分区政治部组织科科长

　　丁振军（1913—1944）　　中共冀热边特委第四地委书记

　　卜荣久（1908—1944）　　八路军冀热辽军区卫生部政治委员

　　马本斋（1902—1944）　　八路军冀鲁豫军区第三军分区司令员兼回民支队司令员

　　马晓云（1906—1944）　　八路军渤海军区第六军分区副司令员

　　王少奇（1912—1944）　　八路军冀热辽军区卫生部部长

　　王甲本（1901—1944）　　国民革命军陆军第七十九军军长

　　王克山（1919—1944）　　八路军胶东军区第5旅13团2营4连2班副班长

　　王剑岳（1906—1944）　　国民革命军陆军第五十七军8师副师长

　　卢广伟（1903—1944）　　国民革命军陆军骑兵第五军8师副师长兼政治部主任

　　任常伦（1921—1944）　　八路军胶东军区第5旅14团1营5连3排副排长

　　吕公良（1903—1944）　　国民革命军陆军第十五军新编29师师长兼许昌警备司令

　　吕旃蒙（1905—1944）　　国民革命军陆军第三十一军参谋长

　　何万祥（1915—1944）　　八路军第115师教导2旅6团2连连长

　　余子武（1901—1944）　　国民革命军陆军第六十二军151师副师长

　　吴其芳（？—1944）　　新四军第5师供给部部长

　　张文彬（1910—1944）　　中共南方工作委员会副书记兼组织部部长

　　李汉卿（1903—1944）　　新四军第5师赣北指挥部指挥长

　　李家钰（1890—1944）　　国民革命军陆军第三十六集团军总司令兼第四十七军军长

杨大章（1909—1944） 冀热边行政公署第一专署专员

杨小根（1922—1944） 八路军冀中军区第六军分区四十四区队
二小队副队长

杨学诚（1915—1944） 新四军第5师鄂皖兵团指挥部政治委员

萧孝泽（1902—1944） 国民革命军陆军第三十六集团军总司令
部高级参谋兼参谋处代理处长

邹韬奋（1895—1944） 新闻记者、出版家

陈宝风（1925—1944） 八路军山东军区民兵飞行爆炸组组长

陈绍堂（1897—1944） 国民革命军陆军第四十七军104师步兵
指挥官

陈济桓（1893—1944） 国民革命军陆军第十六集团军桂林城防
司令部参谋长

威廉·瑞德（？—1944） 美国志愿援华航空队飞行员

高小安（1916—1944） 八路军晋察冀军区第十三军分区一区队
副区队长

黄永淮（1902—1944） 国民革命军陆军第三十一集团军高级参
谋兼新编第29师副师长

黄　魂（1903—1944） 琼崖抗日游击队独立总队政治部主任

彭雪枫（1907—1944） 新四军第4师师长兼政治委员

程仲一（1916—1944） 绥南专署专员

阚维雍（1900—1944） 国民革命军陆军第三十一军131师师长

才　山（1911—1945） 八路军冀热辽军区副参谋长

马立训（1920—1945） 八路军鲁南军区第一军分区3团1营1
连2排排长

马应元（1921—1945） 八路军太行军区第三军分区民兵指导员
兼飞行射击爆炸组组长

王先臣（1914—1945） 八路军冀中军区第六军分区司令员

张洪仪（1912—1945） 八路军鲁南军区独立支队政治委员

沈国栋（1912—1945） 新四军第5师江南指挥部指挥长

周礼平（1915—1945） 广东人民抗日游击队韩江纵队第一支队政治委员

郁达夫（1896—1945） 新加坡文化界抗日联合会主席

宫川英男（1918—1945） 日本人民解放同盟冀鲁豫边区协议会副委员长兼冀鲁豫边区参议员

桂干生（1911—1945） 八路军冀南军区第一军分区司令员

曹世范（1924—1945） 八路军鲁中军区第1团1营2连副排长

谢晋元等八百壮士（1937） 国民革命军陆军第九集团军88师524团

冷云等八名女战士（1938） 东北抗日联军第二路军第5军妇女团

狼牙山五壮士（1941） 八路军晋察冀军区第一军分区1团7连6班

马石山十勇士（1942） 八路军胶东军区第5旅13团7连6班

刘老庄连八十二烈士（1943） 新四军第3师7旅19团2营4连